질문으로 시작하는
세계 신화

질문으로 시작하는
세계 신화

박소명 글 · 조혜주 그림

북멘토

• 글쓴이의 말

여러분은 자신의 모습을 어떻게 보나요? 거울을 보면 된다고요? 맞아요. 그러면 우리의 삶을 비춰 볼 수 있는 거울은 없을까요? 뜬금없이 웬 거울 이야기냐고요? 우리가 이 책에서 읽을 신화를 한마디로 표현하면 '삶의 거울'이라고 말할 수 있기 때문이에요.

신화가 생겨난 것은 구석기 시대 끝자락(약 3만 년 전)이고, 의미와 상징을 담기 시작한 것은 신석기 시대(약 1만 년 전)예요. 호랑이가 담배 피던 시절에 비교할 수 없을 만큼 더 먼 옛날이야기지요. "까마득한 옛날이야기가 첨단 시대를 살아가는 우리에게 거울이 될 수 있을까요?"라는 질문을 하고 싶을 거예요.

그때의 삶은 우리의 삶이랑 달라도 한참 달라요. 하지만 태어나서 성장하고 노년에 이르러 죽음에 도달하는 삶의 모양은 현재와 다를 바 없어요. 사랑하고, 미워하고, 기뻐하고, 슬퍼하는 감정도 크게 다르지 않을 거예요.

신화는 사람들의 입에서 입으로 전해졌어요. 세상이 어떻게 생겨났는지, 생명은 어떻게 탄생했는지, 신들과 사람들은 어떻게 살았는지……. 오랜 시간에 걸쳐 전해지는 동안 신화는 사람들이 보고, 듣고, 경험한

것들까지 더해져 무한한 상상의 옷을 덧입게 되었어요.

그래서 어떤 신화는 황당한 마법 같기도 해요. 지식과 논리로는 이해할 수 없지요. 그럼에도 불구하고 신화 속에는 현재를 살아가는 우리에게 필요한 지침이 들어 있어요. 그것이 신화를 '삶의 거울'이라고 비유하는 까닭일 거예요.

이 책에서는 세계의 신화 속에 등장하는 선과 악, 삶과 죽음, 세상의 시작, 지혜, 욕심, 통과 의례, 생명을 살리는 양식, 우리가 살고 있는 환경에 대한 것들을 질문으로 제시했어요. 저는 여러분이 이 질문들을 통해 생각이 더욱 깊어지고 넓어지면 좋겠어요. 그래서 여러분의 생활을 비춰 볼 수 있는 거울 하나씩을 가지기를 바란답니다. 그것도 뿌연 거울이 아니라 선명하게 비춰 주는 거울 말이에요.

마지막으로 이 책에 나오지 않은 신화도 더 찾아 읽고 싶은 마음이 생겼으면 합니다. 부디 즐거운 신화 읽기가 되기를 바랍니다.

2018년 가을 군포 책마을 문화예술창작촌에서 **박 소 명**

• 차례

글쓴이의 말   04

중국 신화 | 세상의 시작   09

반고의 몸은 어떻게 산이 되고 강이 되고
해와 달이 되었을까?

맨 처음 세상은 어떻게 생겨났을까? | 중국 신화, '반고'
과학에서 말하는 처음 세상, 빅뱅

북유럽 신화 | 삶을 이끄는 지혜   25

오딘은 왜 눈을 잃으면서까지
지혜를 얻고자 했을까?

지혜란 무엇일까? | 북유럽 신화, '오딘' | 북유럽 신화를 바탕으로 한 작품들

그리스·로마 신화 | 끝없는 인간의 욕심   41

미다스 왕은 왜
만지는 것마다 황금이 되었을까?

욕심을 채우면 행복해질까? | 그리스·로마 신화, '미다스의 손'
서양 문화의 밑거름이 된 그리스·로마 신화

한국 신화 | 성장하는 삶   57

바리데기는 왜 멀고 먼
서천 서역국까지 가야 했을까?

신화 속 주인공들은 왜 험한 길을 떠났을까?
한국 신화, '바리데기' | 재창조되는 바리데기 신화

인도 신화 | 악을 이기는 선   73

라마는 악마 라바나를 어떻게 물리쳤을까?

선은 무엇이고, 악은 무엇일까? | 인도 신화, '라마야나'
아시아에 남아 있는 라마야나의 흔적

이집트 신화 | 영원히 죽지 않는 삶   91

오시리스는 어떻게 죽음을 이겨 내고
다시 살아났을까?

죽음 이후에 새로운 세상이 있을까? | 이집트 신화, '오시리스와 이시스'
영화가 된 미라와 피라미드

태국 신화 | 생명을 살리는 농사   107

상아사 할아버지와 상아시 할머니는
어떻게 벼농사를 짓게 되었을까?

농사는 왜 중요할까? | 태국 신화, '상아사 할아버지와 상아시 할머니'
벼농사의 나라, 태국

수메르 신화 | 소중한 자연과 환경   123

길가메시는 왜 삼나무를 베었을까?

숲은 왜 지켜야 할까? | 수메르 신화, '길가메시' | 자연과 인간은 공생 관계

• 중국 신화 •

세상의 시작

반고의 몸은
어떻게 산이 되고 강이 되고
해와 달이 되었을까?

　아득한 옛날, 세상은 커다란 알 같았다. 그 속은 하늘과 땅의 구분도 없었고, 갈피를 잡을 수 없는 어지러운 기운으로 가득 차 있었다. 그 혼돈 속에서 거인 반고가 태어났다.

　반고는 태어나자마자 잠에 빠졌다. 반고 외에는 아무도 없었기 때문에 누구도 깨우거나 부르지 않았다. 반고는 아무런 간섭도 받지 않은 채 무려 1만 8천 년 동안 오직 잠만 잤다. 그러던 어느 날 반고는 기지개를 켜며 살며시 눈을 떴다.

　"뭐야? 온통 어둠뿐이잖아?"

　반고는 사방을 두리번거렸지만 아무것도 보이지 않았다. 반고는 눈을 부비고 다시 살폈다. 하지만 눈앞은 여전히 흐릿한 어둠에 감싸여 있었다. 반고는 어둠을 견딜 수 없었다. 이대로라면 눈을 뜬 보람이 없었다. 깊이 잠들었던 때와 다를 게 없다고 생각하니 화가 치밀었다. 반고는 어둠을 향해 커다란 도끼를 마구 휘둘렀다.

"쩌억!"

뭔가 무너지는 듯한 큰 소리와 함께 알이 깨졌다. 곧 바람에 흩어지는 안개처럼 흐릿한 기운이 조금씩 움직이기 시작했다. 그 기운은 둘로 나누어져 움직였다. 밝고 깨끗한 느낌의 가벼운 기운은 위쪽으로 올라가 하늘이 되었다. 뭔가 섞인 것 같고 흐릿한 느낌의 무거운 기운은 아래로 내려가 땅이 되었다.

"그렇지. 이제야 뭔가 제대로 되어 가는군."

반고는 하늘과 땅이 생기자 기분이 좋아졌다. 하지만 하늘과 땅이 깨끗하게 나누어지지 않은 곳이 군데군데 남아 있었다. 반고는 맞붙어 있는 곳을 도끼로 쪼개고 끌로 반듯하게 다듬었다. 점점 말끔해지는 광경을 보며 힘든 줄도 몰랐다. 덕분에 하늘과 땅은 완전히 나누어졌다.

"아, 보기 좋구나."

반고는 자기가 한 일이 무척 마음에 들었다. 그런데 문득 걱정이 생겼다.

"하늘과 땅이 다시 붙어 버리면 어떻게 하지?"

반고는 당장에라도 하늘과 땅이 붙을까 봐 불안했다. 그러면 다시 어둠이 찾아올 테고, 또 답답하게 잠만 자야 할지도 몰랐다.

"어떻게든 막아야 해. 하늘과 땅이 다시 붙으면 안 돼."

반고는 고개를 마구 흔들었다. 뭐 뾰족한 수가 없을까 하고 생각에 생각을 거듭했다.

"그래, 그 방법밖에 없어."

반고는 땅에 발을 굳게 대고 서서 하늘을 떠받치고 섰다. 그제야 마음이 놓였다. 이렇게 하고 있으면 다시 땅과 하늘이 붙는 일은 일어나지 않을 것 같았다.

다행히 하늘과 땅은 점점 멀어졌다. 하루에 하늘은 한 길(3미터)씩 높

아졌고, 땅도 점점 두꺼워졌다. 신기하게도 반고의 키도 한 길씩 자라났다. 하지만 하늘을 받치고 서 있는 일은 정말 힘들었다.

"내가 기둥도 아닌데 이러고 있어야 한단 말인가."

반고는 몇 번이나 그만두고 싶었다. 머리는 지끈지끈 아프고 팔은 아리다 못해 감각이 없어질 정도였다. 온 힘을 다해 버티고 있는 다리와 발끝도 찌릿찌릿 저렸다. 허리는 곧 무너져 내릴 듯 휘청거렸다. 잠시도 쉴 수 없었고, 외로움은 날로 더해 갔다. 반고는 그럴 때마다 어둠을 떠올렸다. 화가 나서 도끼를 휘둘렀던 일도 생각했다. 포기한다면 지금껏 고생한 일이 헛수고가 되고 말리라.

반고는 있는 힘을 다해 버텼다. 다행히 하늘과 땅은 계속 벌어져 갔다. 그렇지 않았다면 견딜 수 없었을 것이다. 반고는 무려 1만 8천 년 동안 똑같은 자세로 서 있었다.

이제 하늘은 더 이상 높아지지 않았다. 땅도 더 두꺼워지지 않았다. 하늘은 땅에서 충분히 멀었고, 땅 역시 하늘에서 충분히 멀었다. 계속 커 나간 반고의 키도 9만 길이나 되었다. 반고는 하늘과 땅을 자랑스럽게 바라보았다. 더 이상 어둠뿐인 세상으로 돌아가지 않을 것 같았다.

"잘됐어. 참아 낸 보람이 있어."

반고는 그제야 걱정을 내려놓았다. 하지만 이미 모든 힘을 써 버려 지칠 대로 지쳤다. 걸을 힘조차 없었다. 반고는 비틀거렸다. 어떻게라도 힘을 내 보고 싶었지만 마음대로 되지 않았다.

쿵!

결국 반고는 쓰러지고 말았다. 일어서 보려고 안간힘을 썼지만 소용없었다.

"그래, 난 해야 할 일을 했으니 됐어."

반고는 땅에 엎드린 채 중얼거렸다. 아주 긴 시간 동안 고생했지만 후회는 없었다. 다시 눈을 막 떴을 때로 돌아간다 해도 똑같은 일을 했을 거라 생각했다.

"이제, 한 점 남김 없이 내 몸을 내어 줄 때가 왔도다."

반고의 목소리는 마지막 주문처럼 엄숙하고 진지했다. 반고는 온몸에 힘을 다 뺐다. 그러고는 숨을 몰아쉬며 소리쳤다.

"휴, 아!"

바로 그 순간 숨결은 바람이 되고 구름이 되었다. 바람은 땅 위를 맴돌다 하늘로 날아올랐다. 구름은 뭉게뭉게 피어올라 이리저리 흩어졌다. 목소리는 천둥소리가 되어 울었고, 눈빛은 번개가 되어 번쩍였다.

반고가 완전히 숨을 거두자 더 놀라운 일이 벌어졌다.

왼쪽 눈은 해가 되어 하늘 높이 떠올랐고, 오른쪽 눈은 달이 되었다. 손과 발, 그리고 몸은 넓은 땅 위에 우뚝 솟은 산이 되었다. 피는 굽이치는 강물이 되었고, 핏줄은 길게 이어진 길이 되었다.

머리카락과 수염은 하늘에 반짝이는 별로, 털은 풀과 나무로, 피부는 밭으로 변했다. 또 이와 뼈는 금속과 돌, 진주와 옥돌로 바뀌었다. 반고

가 흘린 땀은 빗물이 되고, 이슬로 변했다. 반고의 몸은 모두 세상의 무언가가 되었다.

　반고가 만들어 준 세상은 아름다웠다. 하늘에는 찬란한 해가 떴고, 밤에는 빛나는 달과 별들이 나왔다. 땅에는 갖가지 색으로 핀 꽃들과 나무들이 아름답게 자라났다. 숲은 이슬과 빗방울을 머금고 날로 푸르러졌다. 높은 산은 들판을 내려다보며 위용을 뽐냈다. 구름은 산꼭대기를 휘감으며 흘러 다녔다. 강물은 깊은 골짜기를 지나 널따란 들판으로 굽이쳤다. 온 세상에 반고가 살아 있었다.

맨 처음 세상은 어떻게 생겨났을까?

아침이면 떠오르는 해와 밤하늘에 반짝이는 별들은 어떻게 생겨났을까요? 높고 낮은 산과 파도치는 바다, 넓은 들은 어떻게 생겨났을까요? 그곳에 사는 생물들은 또 어떻게 태어났을까요? 나를 있게 한 할아버지의 할아버지, 할머니의 할머니는 또 언제부터 존재했을까요?

우리는 왜 이런 게 궁금할까요? 왜냐하면 사람의 마음속에는 자신이 어디에서 왔는지 그 기원을 알고 싶어 하는 욕구가 있기 때문이에요. 그래서 창세 신화가 생겼고, 오늘날까지 이어지고 있어요. 오직 중국만이 아니라

다른 나라도 마찬가지랍니다.

그리스·로마 신화나 북유럽 신화에서도 아무것도 없는 상태에서 세상이 태어났어요. 동유럽 신화에서는 잠들어 있던 신들이 깨어나면서 세상이 생겼다고 해요. 우리나라의 창세 신화도 비슷해요. 하늘과 땅은 붙어 있고, 온통 어둠이었다가 마고 할미가 잠에서 깨면서 세상이 열렸지요.

세상이 생겨난 이야기를 보면 옛사람들은 세상을 살아 움직이는 생명처럼 여겼어요. 대체로 처음에는 아무것도 없었어요. 기묘한 기운 속에서 누군가가 나타나 세상을 만들어요. 그렇게 생겨난 세상은 처음에는 혼란스럽다가 차츰 질서를 찾아가지요. 나라는 달라도 창세 신화가 비슷한 걸 보면 사람들의 생각은 서로 연결되어 있는 것 같아요. 그건 어느 곳에 살든지 태어나고 죽게 되는 사람들의 삶이 비슷하기 때문은 아닐까요?

창세 신화에는 반고처럼 종종 거인이 등장해요. 인도 신화의 거인 '푸루사', 바빌로니아 신화의 '티아마트', 북유럽 신화의 '이미르'가 그 주인공이에요. 반고는 기꺼이 자신을 희생했지만 푸루사, 티아마트, 이미르는 다른 신에게 죽임을 당하고 몸의 각 부분이 자연으로 만들어졌어요. 그래도 영원히 죽지 않고 자연의 일부가 되어 살아 있다는 점은 같지요. 신화학자 조셉 캠벨은 '자기 삶보다 더 큰 것을 바친 사람이 영웅'이라고 했어요. 자의든 타의든 자신의 온몸을 내어 준 거인들이야말로 진정한 영웅이 아닐까요.

중국 신화, '반고'

중국은 널따란 땅만큼이나 여러 민족으로 이루어진 나라예요. 그만큼 신화도 다양하고 풍부하지요. 같은 신화라도 지역과 민족에 따라 이야기가 다르게 펼쳐지기도 하고, 인물도 각기 다른 모습으로 나타나기도 해요.

중국 고대의 대표적인 신에는 세상을 만든 반고, 사람을 만든 여와가 있어요. 그리고 수인씨, 복희씨, 신농씨라는 삼황이 있지요.

수인씨는 나뭇가지를 비벼서 불을 만들고, 그 불로 음식을 익혀 먹도록 했어요. 복희씨는 자연계와 인간계를 설명하는 기호인 팔괘를 만들었어요. 짐승을 길들이고, 무기로 짐승을 사냥하고, 그물로 물고기 잡는 법도 가르쳤어요. 여와와 함께 결혼 제도를 만들었다고도 해요. 신농씨는 농사법을 알려 주었어요. 농사에 필요한 말과 소를 기르고, 마차와 쟁기도 만들었어요. 또 약초를 연구해 사람들의 병을 고쳐 주기도 했답니다.

여와와 복희 복희(오른쪽)의 사각형을 그리는 도구와 여와(왼쪽)의 원을 그리는 도구는 천지창조를 위한 도구라고 알려져 있다.

신농씨 중국 삼황의 하나로, 농사짓는 방법을 알려 주었으며, 한의학의 창시자로 불린다.

이와 같이 중국의 신들은 사람을 위해 존재했어요.

중국 신화에는 우주와 자연을 이해하는 중국 사람들의 철학이 담겨 있어요. 이런 점은 특히 반고 신화를 통해 알 수 있어요. 거대한 반고의 몸은 고스란히 자연이 되었어요. 이것은 사람의 몸이 곧 우주이며 자연이라는 뜻이랍니다.

반고가 죽어 그의 몸이 자연으로 돌아갔듯이 사람도 죽으면 땅에 묻혀요. 자연의 품으로 돌아가 결국 자연이 되는 것이지요. 태어나고 돌아가는 과정의 연속이 바로 삶이라는 것을 들려주는 거예요. 이런 철학은 우리나라를 비롯한 이웃나라 신화들과도 맞닿아 있어요. 동아시아의 한자 문화권 중심이 바로 중국이기 때문이지요.

과학에서 말하는 처음 세상, 빅뱅

사람들은 처음 세상에 대한 궁금증을 과학적으로 증명할 수 없을까 생각했어요. 그래서 과학자들은 처음 세상을 증명하기 위해 연구를 계속했답니다. 연구 결과 과학자들은 이 세상, 우주의 탄생을 빅뱅 이론으로 설명하고 있어요. 약 138억 년 전에 점 하나가 대폭발하여 우주가 시작되었다는 것이지요.

1917년 독일 출신 미국의 물리학자 아인슈타인은 우주가 팽창하지도 않고 수축하지도 않는다는 '정적 우주론'을 주장했어요. 그러나 곧 러시아의 수학자 알렉산드르 프리드만과 벨기에의 신부 조르주 르메트르가 우주는 대폭발로 시작하여 팽창하고 있다는 '우주 팽창론'을 주장했어요. 하지만 그것을 증명해 내지는 못했어요. 그래서 많은 과학자들은 '우주 팽창론'을 받아들이지 않았답니다.

1929년 미국의 천문학자 허블이 둘의 이론에 손을 들어 줬어요. 허블은 망원경을 발명해 움직이는 우주를 발견했어요. 그리고 '팽창하고 있는 우주를 거꾸로 거슬러 올라가면 결국엔 한 점에 모이게 된다.'는 빅뱅의 기초 이론을 세우게 돼요. 이에 아인슈타인은 자신의 '정적 우주론'을 깨끗이 포기했다고 해요.

1948년 러시아 출신 미국의 물리학자 가모프는 빅뱅 이론에 대한 논문을 발표했어요. 우주 대폭발로 어마어마한 열과 에너지가 발생되었을 거라 예

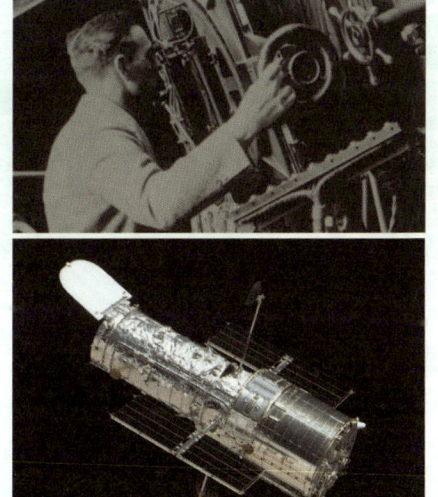

우주를 관측하는 허블

허블 망원경

상하면서 그 흔적인 '우주 배경 복사선'이 우주 어딘가에 남아 있을 거라는 주장이었지요. 하지만 그것을 정확하게 증명해 내지는 못했어요.

가모프의 주장은 1965년 미국의 천문학자 펜지어스와 윌슨에 의해 증명되었어요. 윌슨은 펜지어스와 마이크로파 안테나를 이용해 우주의 모든 곳에서 고르게 나타나는 열에너지 '우주 배경 복사선'을 검출했어요. 이 일은 빅뱅 이론을 확실히 증명해 주는 발견이었답니다.

이렇게 빅뱅 이론을 통해 우주는 여전히 팽창하고 있고, 우리 은하계 밖에 수많은 은하계가 존재하고 있다는 것이 밝혀졌어요. 과학 기술의 발달로 우주에 위성을 보내는 등 빅뱅에 대한 연구는 더 활발해지고 있어요. 앞으로는 우주의 비밀을 더 많이 알아낼 수 있을 거예요.

· 북유럽 신화 ·

삶을 이끄는 지혜

오딘은 왜

눈을 잃으면서까지

지혜를 얻고자 했을까?

"이제 거인들의 세상은 끝이야."

북유럽의 신 오딘과 형제 신인 빌리와 베는 거인 이미르를 해치웠다. 이미르의 겨드랑이 땀에서 거인들이 자꾸 태어났고, 이 흉악하고 거친 거인들이 오딘과 형제들을 까닭 없이 괴롭혀 왔기 때문이다.

이미르가 흘린 피에 거인들이 떠내려가자 오딘과 두 신은 이미르의 살로 땅을 만들었다. 커다란 뼈로는 산을, 작은 뼈로는 돌멩이와 바위를 만들었다. 머리카락으로는 푸르른 나무를 만들었다. 오딘은 아름다운 자연 속에 살아갈 사람을 만들고 싶었다.

바닷가에서 실한 물푸레나무와 느릅나무를 발견한 오딘은 나무에 숨결을 불어넣었다. 그랬더니 늠름한 남자 아스크와 아름다운 여자 엠블라가 태어났다.

"아, 이 세상을 조화롭게 잘 다스려야 할 텐데."

오딘은 자신에게 지혜가 부족하다는 것을 깨달았다. 자신의 마음도 잘 다스려지지 않는 상태로 세상을 다스리는 일은 쉽지 않았다. 오딘은 우주를 떠받치고 있는 거대한 위그드라실 나무를 생각해 냈다.

"그래, 그 나무뿌리에 미미르의 샘이 있잖아?"

미미르의 샘은 모든 재치와 슬기가 있는 곳으로 미래의 일까지 거울처럼 비추었다. 오딘은 벌떡 일어났다. 당장에 위그드라실 나무가 있는 곳으로 가기 위해서였다.

무성하게 잎을 낸 위그드라실 나무는 보기만 해도 위풍당당했다. 거대한 나무는 우주를 뚫고 솟아올라 있었다. 위그드라실 나무뿌리는 세 개의 샘물에 닿아 있었다. 하나는 운명의 샘인 우르트 샘으로, 운명과 예언을 맡은 세 자매 여신 노르넨이 지키고 있었다. 다른 하나는 흐베르겔미르 샘으로, 커다란 뱀이 죽은 자들의 피를 마시고 시신을 먹으며 사는 질투의 샘이었다. 그리고 오딘이 찾아가려는 미미르의 샘은 지혜의 샘으로, 지혜로운 거인 미미르가 지키는 샘이었다.

샘 앞에 다다르자 미미르가 버티고 서 있었다. 지혜의 샘물을 마신 미미르는 세상의 지혜를 다 가진 자였다.

"미미르여! 그대가 먹는 샘물을 좀 마실 수 있겠소?"

"이 물은 아무에게나 줄 수 없소."

미미르는 단숨에 거절했다. 그렇다고 물러설 오딘이 아니었다.

"내 마음을 다스리고 세상을 잘 다스리기 위해서 이 물이 필요하오. 부족한 지혜를 채울 수 있도록 꼭 좀 마시게 해 주시오."

"좋소. 대신 당신 눈 한쪽을 바치시오."

"눈을 말이오?"

"못 하겠소? 그렇다면 나도 어쩔 수 없지."

"아, 아니오. 눈도 소중하지만 지혜가 더 귀하니 그렇게 하겠소."

오딘은 더 망설이지 않고 한쪽 눈을 빼내어 미미르의 샘에 던져 넣었다.

"오, 좋소! 당신은 이 물을 마실 자격이 충분하오."

미미르는 오딘의 용기에 감탄했다. 그래서 오딘의 눈이 썩지 않고 가라앉아 있게 만들었다. 오딘의 눈은 샘 속에서 은은하게 빛을 뿜었다.

"고맙소."

오딘은 기쁜 마음으로 샘물을 실컷 마셨다. 그러자 눈앞에 불이 켜지듯 시야가 밝아지고, 정신이 맑아졌다. 답답하게 막혀 있던 가슴이 뻥 뚫리고 마음속에 시원한 바람이 불어왔다.

"이제야 마음을 다스릴 수 있겠구나."

오딘은 한쪽 눈밖에 없었지만 오히려 두 눈이 있을 때보다 세상을 밝게 볼 수 있었다.

"무언가를 얻으려면 뭔가를 버려야 한단 말이야. 암, 그렇지 않고는 얻을 수 없지."

오딘은 큰 깨달음을 얻어 무척이나 기뻤다. 오딘은 높고 낮은 산 너머까지, 깊은 골짜기 아래까지, 먼 바다까지 볼 수 있었다. 인간들이 살고 있는 마을과 들판도 훤히 보였다. 물론 사람들의 속마음까지 들여다볼 수 있었다. 오딘은 못된 거인이 신과 인간에게 해를 끼치지 못하도록 늘 둘러보며 지켰다. 덕분에 신들도 오딘 앞에서 겸손한 마음을 가졌다.

한동안 오딘은 자신이 가진 지혜에 만족했다. 하지만 곧 자신은 세상 모든 일을 꿰뚫어 볼 수 있었지만 저승에 대해서는 아는 게 없다는 것을

깨달았다.

"저승의 지혜를 어떻게 얻어야 할까?"

오딘은 다시 위그드라실 나무를 찾아갔다. 그리고는 창으로 제 몸을 찔러 상처를 냈다. 몸에서 피가 흘러내렸다. 오딘은 이를 악물고 아픔을 참으며 위그드라실 나무에 거꾸로 매달렸다.

"저승의 지혜를 얻기 전까지 꼼짝도 하지 않겠다."

오딘은 먹지도 않고 마시지도 않고 오직 매달려 있는 데 힘을 다했다. 차가운 눈발이 내리기 시작하자 온몸이 얼음처럼 굳어 갔다. 살을 에는 칼바람까지 오딘의 몸을 내리쳤다.

하지만 오딘의 의지는 강력했다. 지난번에는 눈 한쪽을 바쳤지만 이번에는 자신의 전부를 바쳐서 지혜를 얻고자 했다. 그러자 죽은 혼들이 오딘을 감싸고 뱅뱅 돌았다. 곧 이승의 세계에서는 경험하지 못한 오묘한 숨결이 느껴지더니 끝도 없는 어둠 속으로 빨려 들어갔다. 오딘은 그들과 함께 죽음의 세계에 들어설 수 있었다.

낮과 밤이 아홉 번 지난 후 오딘은 익을 대로 익은 가을 열매처럼 저절로 툭 떨어졌다.

"아! 내가 죽었는가, 살았는가."

오딘은 땅에서 일어나 두리번거렸다. 분명 살아 있었다. 몸은 비록 야위고 힘들었지만 정신만은 오히려 더욱 맑아져 있었다. 오딘은 기뻐서 신들에게 소리쳤다.

"내가 위그드라실 나무에 매달려서 저승 저편까지 다녀왔소. 드디어 이승과 저승의 지혜를 얻게 되었단 말이오."

"오, 오딘! 그대는 본디 지혜로웠소. 그런데 미미르의 샘물을 마셔 세상의 모든 이치를 깨닫더니 이제 저승의 일까지 꿰뚫었군요. 당신이 대단한 건 알고 있었지만 정말 놀랍소. 역시 당신은 모든 신들의 왕이오.

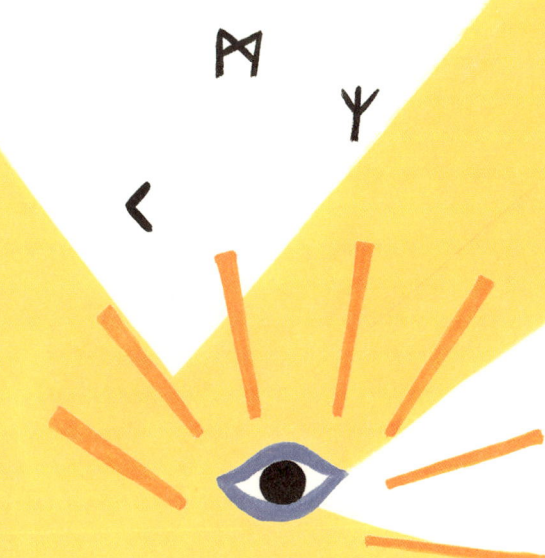

부디 세상을 조화롭게 만들어 주시오."

신들도 모두 오딘을 인정했다.

"물론이오. 내가 얻은 지혜를 잘 사용하겠소."

오딘은 자신이 자랑스러웠다.

그 후 오딘은 마법 문자 룬까지 깨칠 수 있었다. 룬 문자 덕분에 오딘의 지혜는 더 깊어졌다. 그의 입에서는 아름다운 시가 노래처럼 흘러나왔다. 자연스럽게 오딘은 시인이 되었다. 물론 오딘의 시는 마법 같은 힘이 있었다.

또 룬 문자 덕분에 불길에서 사람을 구하는 법, 이웃 간의 다툼을 해결하는 법, 아픈 사람을 고치는 법, 죽은 자를 살리는 법 등의 주문을 통달했다. 오딘은 세상에 일어나는 모든 일에 마법을 부릴 수 있었다. 자신의 바람대로 오딘은 밝아진 눈과 빛나는 영혼으로 세상을 잘 다스렸다.

지혜란 무엇일까?

　지혜란 사람이 살아가는 데 필요한 이치를 깨닫고 대처하는 힘이에요. 지혜로운 사람은 모든 상황을 잘 헤쳐 나가요. 특히 어려운 상황이 닥칠 때 그 힘이 더 크게 발휘되지요. 그래서 사람들은 지혜를 얻고 싶어 해요. 지혜를 갖는다는 것은 창과 칼보다 더 강한 힘을 얻는 일이거든요. 오딘은 세상을 잘 다스릴 지혜가 필요했어요. 하지만 거저 얻어지는 것은 없어요. 오딘

은 지혜의 샘을 지키는 거인 미미르에게 눈 한쪽을 주고 지혜를 얻어요.

오딘은 왜 이렇게까지 힘들게 지혜를 얻으려 했을까요? 그것은 자신이 어리석다는 것을 알았기 때문이에요. 자신의 부족함을 알고 있다는 것이야말로 지혜의 시작이며 지혜를 얻을 준비가 된 것이지요. 소중한 눈을 바쳐 지혜를 얻은 오딘은 이에 만족하지 않고 위그드라실 나무에 거꾸로 매달리는 고통까지 견뎌 내요. 그래서 고통을 외면하지 않고 다룰 수 있는 힘, 더 큰 지혜를 얻게 돼요. 그 지혜는 세상을 더 잘 다스리기 위한 것이었지요.

지식이 문제를 해결하는 여러 방향을 알려 준다면, 지혜는 알맞은 방향을 찾아 실천하도록 이끌어 주어요. 인류가 발전해 온 것은 지혜 덕분이지요. 지혜를 얻은 사람들은 유익하고 다양한 도구를 만들게 되었어요. 그래서 사람들의 삶이 점점 편해졌지요. 생활 속에서 불편한 것을 편리하게 바꾸고, 옳지 않은 것을 바람직한 방향으로 이끌어 주는 게 지혜의 힘이에요. 세상을 발전시키는 원동력이기도 하고요.

오딘은 지혜를 얻기 위해 끊임없이 세상을 여행했어요. 여러 가지 경험을 통해서 지혜로운 해결 방법을 찾기 위해서였지요. 우리가 열심히 공부하고, 경험을 다양하게 쌓으려는 까닭 역시 지혜를 얻기 위해서랍니다.

북유럽 신화, '오딘'

북유럽 신화는 노르웨이, 스웨덴, 아이슬란드, 덴마크, 독일 등 게르만 민족에게 전해 내려오는 신화예요. 게르만 민족의 일부가 바로 바이킹족이었어요. 용감한 바이킹족은 북유럽 신화 속 영웅들처럼 살고 싶어 했어요. 바이킹족은 칼을 쥐고 죽었다고 해요. 그래야 오딘이 있는 발할라 궁에 들어갈 수 있다고 믿었대요. 그만큼 신화와 그들의 거친 삶이 밀접한 관계가 있었어요.

바이킹 축제에서 바이킹족의 전투 모습을 재연한 사람들

그래서인지 북유럽 신화에는 전투 장면이 많이 나와요. 북유럽은 매우 추운 지역이라 사람이 살 수 있는 곳이 많지 않았어요. 새로운 곳을 개척하려면 전투는 피할 수 없었지요. 지혜의 신이면서 전쟁의 신이기도 한 오딘은 '궁니르'를 들고 싸웠어요. 궁니르는 적을 향해 던지면 적을 무찌르고 주인의 손으로 돌아오는 신비한 무기였어요. 병사들에게는 싸우다 죽게 되면 부활과 영생을 줄 것을 약속했어요. 오딘은 약속대로 전쟁 중에 죽은 병사의 혼을 발할라 궁으로 데려와 무술 훈련을 시켰답니다. 거인족과의 최후 전쟁인 '라그나뢰크'를 위해서였지요.

라그나뢰크에서 오딘은 로키의 자식인 늑대 펜리르에게 죽고 말아요. 결국 위그드라실 나무도 불타며 세상은 종말을 맞아요. 후에 오딘의 둘째 아들인 빛의 신 발두르가 부활해 라그나뢰크에서 살아남은 신들과 함께 새로운 세상을 만들었다고 해요. 이처럼 북유럽 신화는 세상의 탄생과 종말이 반복됨을 나타내고 있답니다.

한 가지 더 독특한 걸 꼽자면 바로 우주 나무, '위그드라실'이에요. 북유럽 사람들은 위그드라실 꼭대기는 우주를 뚫고 솟아올랐고, 가지는 온 세계를 덮었으며, 뿌리는 세 개의 샘과 맞닿아 있다고 생각했어요. 세상을 보호해 주는 이 나무의 윗부분에는 신들이, 중간 부분에는 인간이, 아랫부분에는 죽은 자들이 살았다고 해요.

북유럽 신화를 바탕으로 한 작품들

독일의 작곡가 바그너는 〈니벨룽의 반지〉라는 오페라를 만들었어요. 니벨룽이란 말은 '죽음의 나라에 사는 사람'을 뜻하는데 독일 북부에 사는 난쟁이족 이름이에요.

북유럽 신화에 보면 오딘이 회니르와 로키와 함께 인간 세상을 여행해요. 하루는 무척 배가 고프던 차에 로키가 수달을 사냥했어요. 그런데 수달은 농부 흐라이트마르의 아들이었어요. 농부는 신들을 결박했고, 로키는 몸값

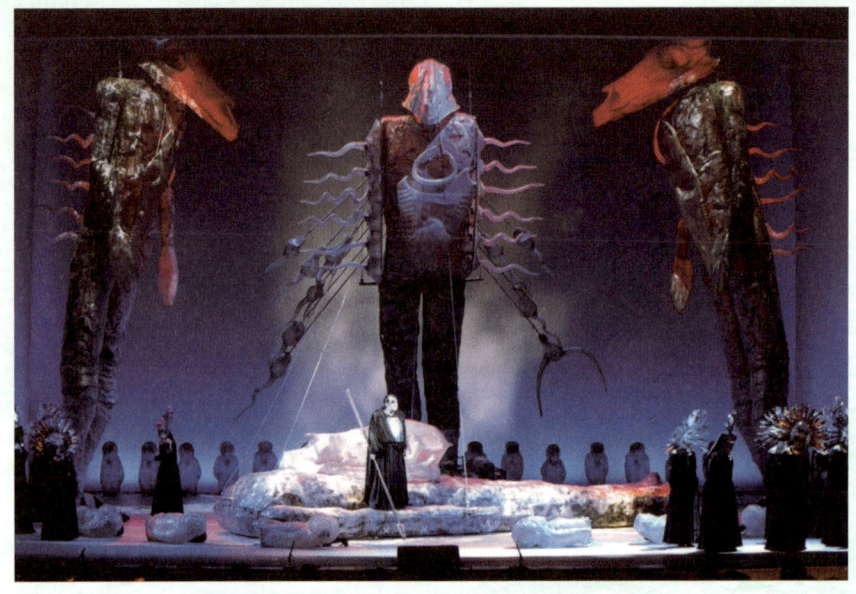

바그너 오페라 〈니벨룽의 반지〉 공연 중 한 장면

을 치르기 위해 지하 난쟁이족 안드바리의 보물을 빼앗아요. 안드바리는 황금을 만들어 내는 반지만은 안 된다고 했지만 로키는 반지까지 가져왔어요. 화가 난 안드바리는 반지를 가진 사람은 죽게 될 것이라고 저주를 내렸고, 반지를 받은 농부는 결국 죽음을 맞이해요.

작곡가 바그너는 이 북유럽 신화를 바탕으로 주인공 지크프리트가 저주받은 반지 때문에 사랑하는 여인에게 배반당하고 죽는 오페라, 〈니벨룽의 반지〉를 만들었답니다. 북유럽 신화가 바그너에게 무한한 상상력을 가져다주었던 것이지요. 영국 소설가 톨킨이 소설로 쓰고, 영화로도 만들어진 〈반지의 제왕〉 역시 안드바리의 반지 이야기가 바탕이 되었어요.

또 북유럽 신화에 나오는 천둥의 신이며 농사의 신인 '토르'는 영화와 애니메이션으로 널리 알려져 있지요. 토르는 거인들을 때려눕힐 때 쓰는 특별한 무기가 있어요. 바로 '묠니르'라는 망치예요. 묠니르는 오딘이 들고 다녔던 '궁니르'처럼 적을 공격한 후 다시 주인에게 돌아와요. 토르는 오딘보다 더 널리 알려진 신이기도 하답니다.

모든 신화가 그렇지만 특히 북유럽 신화는 예술가들뿐 아니라 영화와 게임 같은 대중문화에도 큰 영감을 주고 있어요. 척박한 환경에서 강인하게 살아남은 신들을 바라보는 경이로움과 끊이지 않는 전쟁을 치르는 신들의 비장함 등이 신선한 충격으로 다가오기 때문일 거예요.

• 그리스 · 로마 신화 •

끝없는 인간의 욕심

미다스 왕은
왜 만지는 것마다
황금이 되었을까?

"흠, 이만하면 흡족해하시겠지."

미다스 왕은 마차에 가득 실린 선물 꾸러미들을 보며 고개를 끄덕였다. 디오니소스에게 바칠 것들이었다. 포도밭에서 술에 취한 디오니소스의 스승 실레노스를 발견한 건 정말 운이 좋았다. 덕분에 잘 대접할 수 있었고, 이렇게 선물과 실레노스를 마차에 태워 디오니소스에게 가

게 되었다. 미다스 왕은 원하는 것을 다 이룬 것처럼 마음이 설레었다.

마차는 빠르게 달려갔다.

"오, 고맙네. 스승님을 돌본 것은 나를 돌본 것이나 마찬가지지. 소원이 있으면 말해 보시게."

미다스 왕은 입이 헤벌쭉 벌어졌다. 마음속으로 계산해 둔 대로 상황이 돌아가고 있었기 때문이다.

"예, 그럼 소원을 말씀드리겠습니다. 제 손에 닿는 모든 것을 황금이 되게 해 주십시오."

"황금? 정말 황금을 원한단 말이냐? 흠, 후회하지 않겠는가?"

디오니소스는 걱정스러운 얼굴로 물었다.

"아이구, 후회라니요? 절대 그럴 일은 없을 테니 걱정 마세요."

미다스 왕은 디오니소스가 혹시 마음을 바꾸기라도 할까 봐 이러쿵저러쿵 말을 늘어놓았다.

"알았네. 이제부터 소원대로 될 것이네."

"감사합니다. 감사합니다."

미다스 왕은 뛸 듯이 기뻤다. 디오니소스 앞을 물러 나오자마자 마음이 급해졌다. 정말 소원대로 될지 궁금했다.

미다스 왕은 눈에 보이는 무화과나무 가지를 뚝 부러뜨렸다. 그러자 이게 웬일인가. 무화과나무 가지가 황금으로 변하는 게 아닌가. 신이 난 미다스 왕은 이번에는 붉게 익은 사과를 뚝 땄다. 사과도 황금빛이 되었다. 시냇물에 손을 씻자 물방울들이 황금이 되어 노랗게 반짝거렸다.

"으하하. 난 이제 황금 미다스 왕이다. 세상에서 가장 부자가 될 왕이란 말이다!"

미다스 왕은 하늘을 나는 기분으로 궁전에 도착했다. 궁전 앞에 높다랗게 서 있는 문을 만지자 곧 황금 문이 되었다.

"정말 멋지구나. 눈이 부셔."

미다스 왕은 감동 어린 눈빛으로 황금 문을 올려다보았다. 그리고 정원으로 달려가 곱게 피어 있는 장미꽃을 만졌다. 붉은 장미꽃이 황금 장미꽃으로 바뀌었다.

"이 꽃도 황금, 저 꽃도 황금, 하하하. 온통 황금 꽃이 되었구나."

이번에는 시원하게 솟아오르는 물줄기를 보며 분수대로 다가갔다. 미다스 왕의 손이 닿자 분수대도 물줄기도 노랗게 변했다.

배가 고파진 미다스 왕은 신하들에게 말했다.

"이렇게 좋은 날 기분 좋게 식사를 해야겠구나."

곧 맛있는 음식이 차려졌다. 신하들은 들뜬 왕을 보며 싱글벙글했다. 왕이 이렇게 기뻐서 흥분한 적은 처음이었다.

"자, 자. 축배를 들어야지?"

미다스 왕은 붉은 포도주가 찰랑거리는 잔을 들었다. 잔과 포도주가 바로 황금으로 변하고 말았다. 미다스 왕은 당황해서 얼른 마시는 시늉만 하고 내려놓았다. 이번에는 노릇노릇 잘 구운 고기를 집었다. 어김없이 황금이 되어 버렸다.

배가 고팠지만 꾹 참았다. 어느 누구도 넘볼 수 없는 부자가 되었으니 이 정도는 참아야 한다고 생각했다. 하지만 구수한 냄새가 나는 빵도, 상큼해 보이는 과일도 만지자마자 모두 황금으로 변했다. 미다스 왕은 아무것도 입에 넣을 수 없었다.

'이건 아니야. 이건.'

미다스 왕은 고개를 세차게 흔들었다. 배에서는 꼬르륵 소리가 났다. 왕은 그제야 디오니소스가 망설였던 까닭을 알 것 같았다. 그때 지금 상황을 알아챘어야 했는데 황금에 눈이 멀어 이런 일이 생길 거라고는 상상조차 못 했다.

"여봐라, 좋은 수가 없겠느냐?"

"폐하, 송구하옵니다. 어찌해야 할지……."

신하들은 난감한 상황을 해결할 수 없었다. 미다스 왕도 답이 있을 거라 생각하지 않았다. 그저 답답해서 물었을 뿐이었다.

"아버지, 왜 그렇게 고민에 싸여 있나요?"

사랑스러운 공주가 다가왔다.

"오오, 공주야. 어쩌면 좋으냐. 내가 만지는 것마다 황금으로, 앗!"

미다스 왕은 손을 뻗다가 움츠렸다. 하지만 이미 늦고 말았다. 공주는 왕의 손에 닿아 금세 황금으로 변해 버렸다.

"아이고, 공주야! 내가 무슨 짓을 한 거야! 으흐흐흑."

미다스 왕은 공주를 껴안고 큰소리로 울었다. 하지만 황금이 된 공주는 움직임이 없었다.

"이제라도 되돌려야 해."

미다스 왕은 두 주먹을 불끈 쥐고 디오니소스를 찾아갔다.

"신이시여! 제 탐욕이 지나쳤습니다. 너무 어리석었어요. 제발, 저를 용서해 주십시오."

"흠, 그러게 내가 뭐라 했는가. 어쨌든 깨달았으니 다행이군."

"황금 손을 거두어 주십시오. 이제야 행복이 무엇인지 알게 되었습니

다. 마른 빵 한 조각, 물 한 모금이 황금보다 낫다는 것을 왜 몰랐을까요. 딸과 손잡고 산책하는 일이 얼마나 소중한지도 알았습니다. 황금은 다 필요 없습니다. 부디 제 딸을 살려 주십시오."

"자네 말이 옳네. 세상에서 가장 소중한 것은 오히려 평범한 것들이지. 걱정을 거두고 파크톨로스강에 가서 몸을 씻게. 그러면 원래대로 돌아온다네."

"감사합니다. 감사합니다."

미다스 왕은 디오니소스 앞에 머리를 조아렸다. 마음은 벌써 파크톨로스강에 풍덩 빠져 온몸을 씻고 있었다.

욕심을 채우면 행복해질까?

사람이 살기 위해서는 돈이 필요해요. 돈이 없으면 음식을 살 수도, 입을 옷을 살 수도, 가족과 함께 살 집을 마련할 수도 없어요. 이뿐만 아니라 학교나 학원을 다니고, 아플 때 병원에서 치료를 받기 위해서도 돈은 필요하지요. 사람들은 부자를 꿈꿔요. 돈이 많으면 할 수 있는 게 많아진다고 생각하거든요. 사람들이 열심히 일하는 이유에는 돈을 많이 벌기 위한 것도 있

을 거예요. 하지만 부자라고 다 행복하지는 않아요. 탐욕은 오히려 불행을 가지고 올 수 있거든요.

이미 부자였던 미다스 왕은 황금이 많아지면 더 행복할 줄 알았어요. 그런데 황금 때문에 가장 사랑하는 딸을 잃을 뻔했어요. 불행을 겪고 나서야 자신이 얼마나 어리석었는지를 깨닫게 되지요. 욕심에 가려져 진짜 행복이 무엇인지 몰랐던 거예요.

물질의 탐욕처럼 마음의 탐욕도 불행을 가져와요. 그리스·로마 신화에 나오는 파에톤과 이카로스를 봐도 알 수 있어요. 파에톤은 태양신인 헬리오스가 자신의 아버지라는 걸 자랑하고 싶었어요. 그래서 헬리오스를 졸라 위험한 태양 마차를 몰다가 결국 세상을 불바다로 만들어 버렸고, 제우스의 번개에 맞아 강에 빠져 죽고 말지요. 이카로스도 마찬가지예요. 이카로스는 새의 깃털을 밀랍으로 붙여 만든 날개를 달고 하늘을 날았어요. 그런데 너무 높게 오르지 말라는 아버지의 당부를 잊고 태양 가까이로 가는 바람에 태양열에 밀랍이 녹아 떨어져 죽고 말지요.

그렇다면 욕심을 갖는 것은 나쁜 걸까요? 필요한 것을 얻기 위해 열심히 일하는 것은 당연한 일이에요. 남의 것을 훔치거나 탐욕을 부리기 때문에 문제가 생기는 것이지요. 무슨 일이든 욕심을 과하게 부리면 그 끝이 어떻게 되는지 다양한 신화 속 이야기를 통해 알 수 있답니다.

그리스·로마 신화, '미다스의 손'

그리스·로마 신화 속의 신들은 인간과 비슷해요. 사람처럼 사랑하고, 질투하고, 싸우고, 토라지지요. 실수도 많이 하고, 사람보다 더 치사한 행동을 하기도 해요. 그래서 사랑, 질투, 미움, 모함, 탐욕 등 사람의 본성이 그대로 드러난 그리스·로마 신화를 보면 인간 세계 이야기를 보는 것 같답니다.

오르페우스는 죽은 아내 에우리디케를 찾으러 지하 세계로 가요. 그의 깊은 사랑에 감동한 지하 세계의 신 하데스는 지상에 올라갈 때까지 뒤돌아보지 말라는 단서를 붙여 둘을 돌려보내요. 하지만 아내가 잘 따라오고 있는지 너무나 궁금했던 오르페우스는 그만 뒤를 돌아보고 말았어요. 결국 그는 다시는 에우리디케를 볼 수 없었답니다.

페데리코 세르벨리의 〈오르페우스와 에우리디케〉

많이 알려진 만큼 그리스·로마 신화에서 유래된 말도 쉽게 찾아볼 수 있어요. '미다스의 손'은 뭐든 손대기만 하면 성공하는 사람을 일컫는답니다. 미다스 왕이 손으로 만지는 것마다 황금이 되었기 때문에 생겨난 말이지요. 미다스 왕의 기쁨이 오래가지 않았던 것처럼 미다스의 손이었던 사람들이 실패했다는 소식이 종종 들려오기도 해요. 지나친 욕심이 오히려 화를 부른 것이지요. 오늘날 미다스는 '탐욕, 과욕'을, 미다스의 손은 '돈 버는 재주'를 의미한답니다.

판도라는 제우스가 절대 열지 말라며 준 상자를 열었어요. 상자 안에서는 시기, 질투, 미움, 가난, 질병 등이 빠져 나왔어요. 그래서 오늘날까지 사람들은 온갖 불행을 겪게 되었지요. 다행히 상자에 남아 있던 희망 덕분에 사람들은 어려움 속에서도 희망을 잃지 않고 살아가는 거래요. 이처럼 '판도라의 상자를 열었다.'는 것은 누군가 숨겨져 있던 비밀이나 죄를 밝혔다는 뜻이에요.

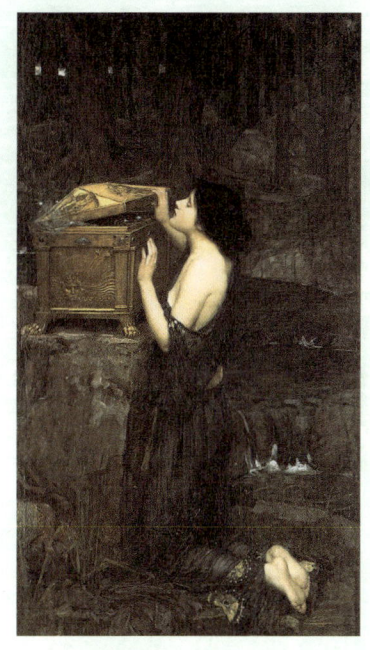

존 윌리엄 워터하우스의 〈판도라〉

그 밖에도 치명적인 약점을 의미하는 '아킬레스건', 간절히 원하면 이루어진다는 '피그말리온 효과', 자기에 대한 사랑을 나타내는 '나르시시즘', 두 얼굴을 가진 이중성을 뜻하는 '야누스의 얼굴' 등도 그리스·로마 신화에서 생겨난 말이랍니다.

서양 문화의 밑바탕이 된 그리스·로마 신화

그리스·로마 신화는 기독교 문화와 함께 서양 문화를 이루는 뿌리가 되었어요.

문학에서는 호메로스의 서사시 『일리아드』와 『오디세이』가 그리스·로마 신화와 관련 있는 대표적인 작품이에요. 『일리아드』는 트로이 전쟁 중 일어난 비극적 사건을 다룬 이야기이고, 『오디세이』는 트로이를 함락시킨 오디세우스가 바다의 신 포세이돈의 노여움을 사 펼치는 모험 이야기지요.

캔터베리 성당으로 성지 순례를 떠나는 순례자의 이야기인 『캔터베리 이

산드로 보티첼리의 〈비너스의 탄생〉

야기』를 쓴 영국의 제플리 초서, 『로미오와 줄리엣』을 쓴 영국의 셰익스피어도 그리스·로마 신화에서 영감을 받았어요. 또 프랑스의 장 라신은 그리스·로마 신화의 내용을 담은 〈페드르〉라는 희곡을 재탄생시켰어요. 독일의 괴테는 그리스·로마 신화에 나오는 아름다운 헬레네를 등장시켜 『파우스트』를 썼답니다.

그리스·로마 신화는 미술과도 밀접한 관련이 있어요. 보티첼리의 〈비너스의 탄생〉은 미의 여신 아프로디테를 그린 것이에요. 르네상스 시대를 빛낸 화가이며 조각가인 레오나르도 다 빈치, 미켈란젤로는 자신들만의 상상력으로 신들의 모습을 창조해 냈어요. 벨기에의 화가 루벤스는 신화에서 얻은 소재로 〈프로메테우스〉, 〈파리스의 심판〉 등을 그렸답니다.

음악에서도 그리스·로마 신화는 빠질 수 없어요. 독일의 작곡가 글루크는 〈오르페우스와 에우리디케〉를 작곡했고, 베를리오즈도 〈트로이 사람들〉이라는 오페라를 만들었어요.

그 외에도 그리스·로마 신화는 철학, 건축 등 여러 분야에 영향을 끼쳤어요. 철학자 플라톤과 소크라테스도 그리스·로마 신화를 이용해 말하기를 좋아했다고 전해지고 있어요. 파르테논 신전 등 아테네와 로마에 있는 많은 신전과 건물들이 신화와 관련 있어요. 그리스·로마 신화는 3천여 년 전의 이야기지만 시대를 뛰어넘는 문화가 되어 살아 숨 쉬고 있답니다.

· 한국 신화 ·

성장하는 삶

바리데기는 왜

멀고 먼 서천 서역국까지

가야 했을까?

"내 딸아, 용서해라. 딸 일곱을 내리 낳아 내가 화가 나서 너를 버렸다. 미안하구나."

바짝 야윈 오구대왕이 고개를 숙였다. 자신이 병든 까닭이 일곱 번째 공주를 버려서라는 점괘를 듣고서야 딸을 찾았으니 더 미안했다.

"어디 보자, 아가야. 열다섯 해 동안 어찌 살았느냐."

왕비는 바리데기를 보고 또 보았다.

"비리공덕 할미와 할아비가 저를 거두어 잘 키워 주었습니다."

바리데기는 공손하게 예를 갖추었다. 자신이 누구인지 궁금했는데 부모를 찾았으니 서운한 마음보다 기쁜 마음이 더 컸다. 하지만 오구대왕이 깊은 병중이라 걱정이 되었다.

"서천 서역국에 있는 약수를 먹어야 살 수 있다지 뭐니. 이승 약이면 몰라도 저승 약을 어찌 구하겠느냐. 우리 불라국에서는 다녀올 사람을 찾지 못했단다."

왕비가 눈물을 흘렸다.

"제가 서천 서역국에 다녀오겠습니다."

"궁에서 호강하고 자란 여섯 언니도 나서지 못하는 일이거늘……."

"아닙니다. 저를 낳아 주신 은혜를 갚아야지요. 반드시 약수를 구해 오겠습니다."

바리데기는 베옷을 입고 가느다란 대로 만든 패랭이를 썼다. 여자의 몸으로 먼 길을 갈 수 없는 처지라 남장을 한 것이다. 손에는 무쇠 지팡이를 들고 궁궐 문을 나섰다. 바리데기는 무쇠 지팡이를 휘둘렀다. 그러자 천 리를 훌쩍 뛰어넘었다. 이어 한 번 더 휘두르니 천 리를 더 갔다. 또 이어 휘두르니 또 천 리를 갔다.

바리데기는 끝없이 걸어갔다. 캄캄한 밤이면 바위나 수풀에 누워 자고 배가 고프면 열매로 끼니를 때웠다. 지치고 힘들었지만 병든 아버지를 떠올리며 걷고 또 걸었다. 길을 걷던 중 바리데기는 쟁기질을 하는 할아버지를 만났다.

"할아버지, 서천 서역국으로 가는 길을 아시나요?"

"밭 가느라 바쁜 것 안 보여? 하지만 혹시 또 모르지. 밭 백 마지기를 내 맘에 들게 갈아 주면 서천 서역국으로 가는 길이 기억날지."

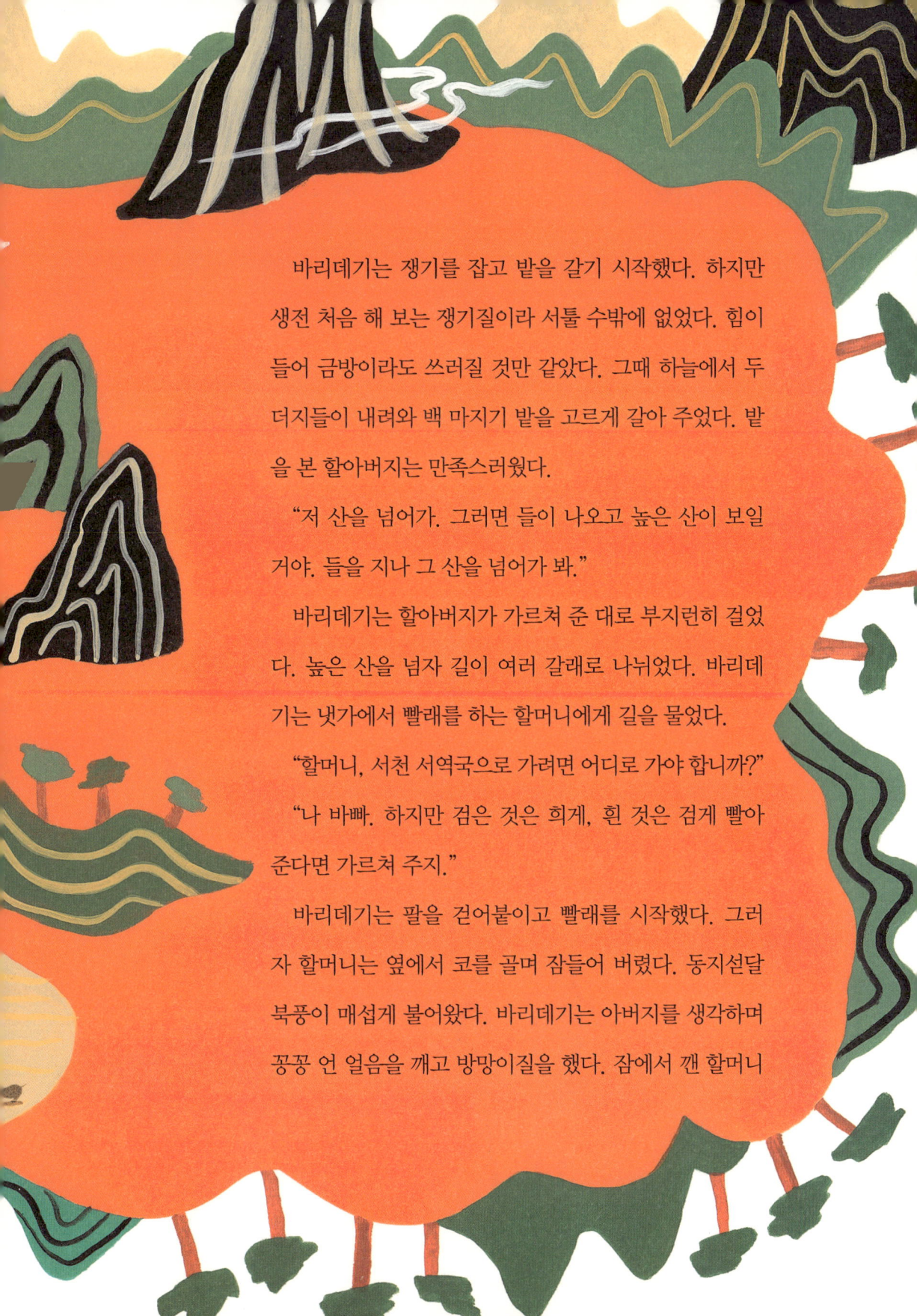

바리데기는 쟁기를 잡고 밭을 갈기 시작했다. 하지만 생전 처음 해 보는 쟁기질이라 서툴 수밖에 없었다. 힘이 들어 금방이라도 쓰러질 것만 같았다. 그때 하늘에서 두더지들이 내려와 백 마지기 밭을 고르게 갈아 주었다. 밭을 본 할아버지는 만족스러웠다.

"저 산을 넘어가. 그러면 들이 나오고 높은 산이 보일 거야. 들을 지나 그 산을 넘어가 봐."

바리데기는 할아버지가 가르쳐 준 대로 부지런히 걸었다. 높은 산을 넘자 길이 여러 갈래로 나뉘었다. 바리데기는 냇가에서 빨래를 하는 할머니에게 길을 물었다.

"할머니, 서천 서역국으로 가려면 어디로 가야 합니까?"

"나 바빠. 하지만 검은 것은 희게, 흰 것은 검게 빨아 준다면 가르쳐 주지."

바리데기는 팔을 걷어붙이고 빨래를 시작했다. 그러자 할머니는 옆에서 코를 골며 잠들어 버렸다. 동지섣달 북풍이 매섭게 불어왔다. 바리데기는 아버지를 생각하며 꽁꽁 언 얼음을 깨고 방망이질을 했다. 잠에서 깬 할머니가 빨래를 보더니 기뻐하며 말했다.

"저기 보이는 높은 산을 지나면 열두 고개가 나오지. 열두 고개를 지나 유수강을 건너가거라. 그러면 세 갈래 길이 보일 거야. 오른쪽은 극락길, 왼쪽은 지옥 길, 가운데 길은 서천 서역국 가는 길이란다."

바리데기는 부지런히 걸어 유수강에 이르렀다. 강을 어찌 건널까 두리번거리니 나룻배가 한 척 보였다. 노를 저어 강을 건너자 할머니 말대로 세 갈래 길이 나왔다. 바리데기는 서천 서역국으로 가는 가운데 길로 들어섰다. 그때 어디선가 말소리가 들려왔다.

"바리데기가 아버지 살리러 동대산 동대청에 가는구나. 거기서 동수자를 만나 약수 있는 곳을 물어라."

소리가 들린 곳을 올려다보니 높은 바위 위에 노인이 걸터앉아 있었다. 하지만 그 노인은 순간 연기처럼 사라져 버렸다. 바리데기는 동대산을 향해 걷고 또 걸었다. 마침내 도착한 동대산에서 바리데기는 웬 총각을 만났다.

"혹시 동대청이 어디인지 아시나요? 또 동수자는 어디에 있는지 아시는지요."

"내가 바로 동대청에 사는 동수자인데 나를 왜 찾으시오?"

"저는 아버지 병을 낫게 하는 약수를 구하러 먼 불라국에서 왔습니다. 동수자께서 약수 있는 곳을 안다 들었습니다. 좀 가르쳐 주세요."

"나와 결혼해서 삼 년은 나무를 해 주고, 삼 년은 물을 길어 주고, 삼 년은 불을 때 주시오. 그리고 아들 셋을 낳아 주면 약수 있는 곳을 알려 주겠소."

"약수만 구할 수 있다면 그리하겠습니다."

바리데기는 동수자와 결혼하여 삼 년은 나무를 해 주고, 삼 년은 물을 길어 주고, 삼 년은 불을 때 주고, 아들도 셋을 낳았다. 바리데기는 아버지 생각이 간절했다.

"간밤에 꿈이 안 좋아 아버지가 걱정됩니다. 이제 약속대로 약수 있는 곳을 가르쳐 주세요."

"나는 하늘 문 문지기였는데 죄를 지어 이곳으로 왔소. 아들 셋을 낳으면 죄를 면할 수 있었는데 그대 덕분에 이제 나는 하늘나라로 가게 되었소. 고맙소."

동수자는 하늘로 올라가면서 약수가 있는 곳을 알려 주었다. 바리데기는 험한 길을 다시 삼천 리나 더 갔다. 어두운 굴속을 지나고, 가파른 벼랑길을 올랐다. 마침내 바리데기는 약수 있는 곳에 도착했다. 하루에 세 방울만 떨어지는 귀한 약수를 바리데기는 백일 동안 기도하며 정성스럽게 받아 모았다. 약수를 들고 돌아오는 길에 서천 꽃밭에서 검은 뼈살이꽃, 노란 살살이꽃, 빨간 피살이꽃, 파란 숨살이꽃, 하얀 혼살이꽃을 꺾어서 가져왔다.

바리데기는 아들 셋을 데리고 불라국으로 돌아왔다. 하지만 이미 오구대왕은 죽은 뒤였고, 궁에서 막 관이 나오고 있었다.

"이보시오, 관을 돌리시오! 내가 약수를 구해 왔소."

바리데기는 아버지의 시신 앞에 앉았다.

"아버지, 이건 뼈살이꽃입니다."

오구대왕 뼈에 꽃을 문지르자 뼈가 붙었다. 살살이꽃을 문지르자 살빛이 돌아오고, 피살이꽃을 문지르자 핏줄이 살아났다. 바리데기는 숨살이꽃, 혼살이꽃을 문지른 다음 소중한 약수를 입에 떨어뜨렸다. 한 방울, 두 방울, 세 방울이 떨어지자 천둥 같은 소리가 나며 오구대왕이 벌떡 일어나 앉았다.

오구대왕은 자신이 자다 일어난 줄 알았다. 하지만 죽었다 살아난 것을 깨닫고 깜짝 놀랐다. 더구나 바리데기의 세 아들을 보고 기뻐서 어쩔 줄을 몰랐다.

"내 생명을 살려 준 내 딸아, 고맙구나. 내 너를 위해 나라 절반을 주겠다."

"아닙니다. 저는 억울하게 죽은 사람의 혼을 위로하고 저승으로 안내하는 자가 되겠습니다."

바리데기는 겸손하게 말했다. 그러고는 남은 이들을 뒤로하고 다시 길을 떠났다.

신화 속 주인공들은 왜 험한 길을 떠났을까?

참 이상하죠? 신화 속 영웅들은 대부분 출생의 비밀이 있거나, 친부모에게 버려져 다른 곳에서 자라거든요. 그리고 어려운 문제를 해결하기 위해 길을 떠나요. 주인공은 숱한 어려움을 겪고 이겨나가지요. 때로는 하늘이 내려 준 이를 만나 도움을 받기도 해요. 이것은 주인공들이 통과 의례를 거치면서 영웅으로 거듭나는 이야기이기 때문이에요.

통과 의례란 사람이 태어나서 죽을 때까지 반드시 거치게 되는 과정이에

요. 즉 탄생, 첫돌, 성년, 혼인, 죽음 같은 것이지요. 또한 갖가지 역경과 고비를 이겨내고 삶의 지혜를 터득하는 과정을 말해요. 통과 의례를 극복한 사람은 사회의 인정을 받고, 스스로도 한층 성장해요. 그러면 다음 단계의 통과 의례로 다가갈 수 있는 용기가 생긴답니다. 반드시 거치게 되는 과정이라고 말한 까닭이 바로 여기에 있어요.

다른 나라 신화에서도 길을 떠나는 주인공들을 쉽게 만날 수 있어요. 수메르 신화에서는 '길가메시'가 영원한 생명을 얻기 위해 긴 여행을 떠나고, 인도 신화에서는 '라마'가 새어머니의 계략 때문에 먼 길을 떠나게 되지요. 그리스·로마 신화에서는 '테세우스'가 아버지를 찾아 길을 떠나요.

바리데기는 자신을 버린 아버지를 살리기 위해 서천 서역국으로 떠나요. 가는 길이 험하고 멀었지만 포기하지 않았어요. 그 과정이 바리데기가 거친 통과 의례예요. 바리데기는 점점 강인해졌고 성숙해졌기에 더 어려운 일이 생겨도 이겨낼 수 있었어요. 이미 저승에 다녀온 터라 세상에 대한 욕심도 사라지고 없었어요. 그래서 아버지가 나라 절반을 주겠다고 해도 거절했던 거예요.

몸집이 커지고 자유롭게 행동할 수 있다고 해서 어른이 되는 건 아니에요. 신화 속 주인공들이 먼 길을 떠나 성숙하고 발전했던 것처럼 우리도 세상이 정한, 또는 자기만의 통과 의례를 거쳐야 해요. 공부가 어렵고 힘들어도 해야 하는 건 이 역시 일종의 약속이자 통과 의례이기 때문이랍니다.

한국 신화, '바리데기'

우리 신화는 크게 두 가지로 나누어 볼 수 있어요. 한자로 기록된 건국 신화와 이야기꾼의 입으로 전해 내려온 구비 신화가 있지요.

건국 신화는 시조가 하늘에서 내려온 이야기가 많아요. 단군 신화와 김수로왕 신화, 박혁거세 신화 등이 그렇답니다. 새로운 나라가 시작되려면 강력한 힘을 가진 왕이 필요했어요. 하늘이 주는 놀라운 능력을 지닌 신이 왕

진도 씻김굿 중 고풀이 원한을 상징하는 고를 풀어가며 영혼을 달래 주는 '고풀이'의 한 장면이다.

이어야 했지요. 하늘에서 내려왔다는 것은 출생부터 남달랐다는 뜻이랍니다. 아울러 백성들은 하늘을 섬기듯 하늘에서 온 왕을 섬기고, 하늘의 뜻에 따라 세운 나라를 자랑스럽게 생각했을 거예요.

구비 신화는 입에서 입으로 전해 내려오는 신화로, 당금애기와 바리데기를 들 수 있어요. 당금애기는 탄생, 바리데기는 죽음과 관련이 있어요. 당금애기는 온갖 어려움을 겪으며 아들 셋을 잘 키웠어요. 후에 아들 셋은 사람들에게 복을 주는 제석신이 되었고, 당금애기 자신은 출산의 신이 되었지요.

바리데기는 공주였지만 버려졌다가 부모를 위해 저승길도 마다하지 않고 약수를 구해 와요. 이후 죽은 사람을 위로하고, 저승길을 안내하는 오구신이 되었어요. 죽은 사람의 영혼을 달래 주는 일을 하는 게 무당이에요. 지금도 사람이 죽으면 무당은 죽은 사람의 영혼을 극락으로 데려가 달라고 오구신인 바리데기에게 비는 의식을 해요. 그것이 바로 씻김굿, 지노귀굿이랍니다.

서양 신화와 비교해 보면 우리 신화는 권선징악, 용서로 마무리되는 특징이 있어요. 또 서양 신화는 대부분 신들의 이야기지만 우리 신화는 사람이 주인공이지요. 우리나라 신화에서 통과 의례를 거친 사람은 신이 되기도 해요. 바로 당금애기와 바리데기처럼요.

재창조되는 바리데기 신화

인공 지능이 발전하고 있는 현대에도 신화는 끊임없이 재해석되고 재창조되고 있어요. 바리데기 또한 문학 작품으로, 공연으로, 게임으로 만들어지고 있답니다. 바리데기의 삶이 많은 사람들에게 감동을 전하기 때문이에요.

바리데기는 자신을 버린 부모를 위해 저승으로 떠났어요. 이 장면은 효가 얼마나 중요한지 나타내고 있어요. 저승길은 온갖 어려움으로 가득 차 있었어요. 하지만 바리데기는 성실함과 인내심으로 이 모든 것을 극복했어요. 역경 속에서도 꿋꿋하게 이겨나가는 힘을 보여 주었지요.

바리데기 이야기는 아버지는 살아나고 바리데기는 신이 되는 행복한 결말을 맺어요. 이 극적인 이야기는 현대를 살아가는 사람들에게 용기와 희망을 주었어요. 바리데기를 통해 삶은 어려움에 부딪치고, 그것을 이겨내며 살아가는 것이라는 걸 배울 수 있어요.

소설가 황석영은 탈북한 여자 주인공을 등장시켜 소설 『바리데기』를 썼어요. 소설 속 주인공은 일곱째 딸로, 바리데기처럼 부모에게 버려진답니다. 부모가 이름조차 지어 주지 않아 다른 사람에 의해 '바리'라는 이름을 얻게 되지요. 바리데기가 먼 길을 떠났던 것처럼 바리도 북한을 떠나 먼 나라를 떠돌아요. 현대를 살아가는 바리가 신화 속 바리데기 못지않은 역경을 겪는 이야기를 통해 이 시대를 살아가는 사람들의 삶이 신화와 닮아 있음을 느낄 수 있어요.

신화의 내용을 토대로 연극이나 뮤지컬도 만들어졌어요. 바리데기 이야기는 저승이라는 낯선 세계에 대한 호기심을 불러일으켜요. 또한 어려운 과정을 겪으며 성장하는 통과 의례를 그리기도 해요. 게다가 점점 사라지고 있는 효를 자연스럽게 이야기하고 있어서 어린이를 위한 아동극으로 공연되기도 했답니다.

또 '사망여각'이란 게임도 바리데기를 소재로 삼았어요. 아버지의 죽음에 의문을 품은 아름이라는 아이가 저승으로 가면서 게임이 시작돼요. 사망여각은 염라대왕 앞에 가기 전에 저승사자와 묵어 가는 숙소로, 그곳에서 벌어지는 이야기를 게임으로 구축했지요. 앞으로 바리데기와 또 다른 신화들이 어떤 작품으로 새롭게 탄생할지 궁금해지지 않나요?

뮤지컬 〈바리〉 포스터

황석영의 『바리데기』 표지

• 인도 신화 •

악을 이기는 선

라마는 악마 라바나를 어떻게 물리쳤을까?

"분명 좋은 소식이 올 거야."

라마 왕자는 두 손을 불끈 쥐며 중얼거렸다. 얼마 전 라마의 아내 시타를 찾으러 랑카섬으로 떠난 원숭이 장군 하누만을 기다리는 중이었다. 온몸을 부풀리고 높은 산에서 단숨에 솟구쳐 올라 랑카섬으로 날아가던 하누만은 정말 믿음직했다. 하지만 시타를 납치해 간 라바나는 머리가 열 개, 팔이 스무 개나 달린 무시무시하고 사악한 악마였다. 만 년이나 고행을 해서 얻은 능력은 당할 자가 없을 정도였다. 그래서 제멋대로 우쭐대며 닥치는 대로 사람을 죽이고 납치했다. 라마는 어떻게든지 빨리 시타를 무서운 악마에게서 구하고 싶었다.

라마는 지나간 일들을 떠올렸다. 너무 무거워서 누구도 들지 못한 시바신의 활을 가뿐하게 잡아당겨서 미틸라 왕국의 시타 공주를 아내로 맞이했다. 하지만 기쁨도 잠시, 라마는 왕세자 자리를 잃고 말았다. 자신의 아들 바라타를 왕세자로 삼고 싶어 한, 욕심 많은 두 번째 왕비 때문이었다. 라마는 아버지를 먼저 생각하기로 결심했다. 아버지 마음을 편안히 해 드리는 일이 아들의 도리라 여겼다. 라마는 바라타에게 왕세자 자리를 넘기고 시타와 동생 락슈마나를 데리고 왕궁을 나와 멀리 떨어진 숲으로 수행을 떠났다. 그런데 수행 도중에 시타가 라바나에게 납치를 당하고 말았다.

라마는 지그시 눈을 감은 채 생각에 잠겨 있었다. 그때 어디선가 반가운 소리가 들렸다.

"하누만이 온다!"

곧 하누만이 라마 앞에 나타났다.

"시타 님은 랑카섬에 갇혀 있었습니다. 왕자님이 주신 반지를 전해 드렸더니 이 장신구를 주셨습니다."

"오, 이건 시타 게 분명해. 역시 바람의 신 바유의 아들답소. 정말 고맙소."

라마는 하누만의 두 손을 잡고 기뻐했다.

"자, 이제 시타를 구하러 랑카섬으로 갑시다."

하누만과 원숭이 병사들과 길을 떠난 라마는 건너편에 랑카섬이 보이는 바닷가에 도착해 진을 쳤다. 하지만 수많은 병사를 이끌고 바다를 어떻게 건너야 할지 막막하기만 했다.

"내 힘으로는 도저히 안 돼. 바닷길을 열어 달라고 바다의 신에게 기도를 올려야겠어."

라마는 모든 힘을 쏟아 기도했다. 음식은 아예 입에도 대지 않았다. 라마는 지쳐 쓰러질 것만 같았다. 그런데도 바다의 신은 조용했다. 라마는 급한 마음에 화가 머리끝까지 났다.

"바다의 신이여! 당신도 악마 편이오? 이렇게 기도하는 데도 왜 도와주지 않는 것이오?"

라마는 바다에 대고 화살을 마구 퍼부었다. 바다는 몸부림치며 괴로워했다. 파도가 산처럼 높이 출렁거렸고, 바닷속 생물들이 이리저리 휩쓸려 다녔다. 용암이 솟아올라 바닷물이 펄펄 끓었다. 그때 바다의 신이 나타나서 소리쳤다.

"그만두시오, 라마! 그대 마음은 알지만 자연에도 순리가 있는 것이오. 바닷길을 열기는 어려우니 대신 다리를 놓으시오. 하늘 건축가의 아

들인 닐라에게 맡기면 어떻겠소. 그러면 내 기꺼이 도와주리다."

라마는 당장에 닐라를 불러 다리를 만들게 했다. 닐라는 자신이 없었지만 바다의 신이 돕는다는 말에 용기를 냈다. 바다의 신은 파도를 잔잔하게 만들어 주었다.

모두 힘을 합해 바위와 나무를 날랐다. 재료가 될 만한 것이면 무엇이든지 다 모았다. 산토끼, 다람쥐, 산새 들도 조약돌을 날랐다. 거북과 여러 물고기도 모두 나서서 힘을 보탰다. 바다의 신은 재료들이 가라앉지

않도록 도와주었다. 덕분에 다리는 단 닷새 만에 완성되었다.

"어서 가자. 랑카섬으로."

라마와 락슈마나, 하누만은 원숭이 병사들을 이끌고 단숨에 다리를 건넜다. 라마는 라바나를 코앞에 두고도 바로 전투에 들어가지 않았다. 먼저 라바나에게 부하를 보내 시타를 돌려보내고 용서를 구하라고 전했다. 마음 같아서는 당장에 쳐들어가고 싶었지만 병사들의 희생을 막고 싶었던 것이다. 그렇지만 라바나는 코웃음 치며 라마의 부하를 죽이려 했다. 결국 라마는 전쟁을 선택했다.

"전군은 공격하라!"

병사들이 함성을 지르며 달려갔다. 온갖 신통술로 몸을 숨기는 라바나의 맏아들 인드라지트가 부하들을 이끌고 나와 맞서 싸웠다. 라마와 인드라지트의 군대는 서로 엎치락뒤치락 이기고 지기를 반복했다.

계속되는 전투 중에 라바나의 총사령관이 죽었다. 드디어 라바나가 전쟁에 나섰다. 라바나의 네 아들도 한꺼번에 달려들었다. 하늘이 흔들리고 땅이 덜컹거릴 정도로 전쟁은 치열했다. 라마의 병사들은 용감하게 적을 해치웠다. 하지만 인드라지트의 독화살을 피하지 못하고 결국 하나둘씩 쓰러졌다. 라마와 락슈마나도 독화살을 맞고 말았다.

하누만은 얼마 전에 치른 전투를 떠올렸다. 그때도 라마와 락슈마나는 독화살에 스치고, 독사에게 온몸이 꽁꽁 묶였었다. 그러나 커다란 독수리인 가루다가 나타나 뱀을 쪼아 죽이고 독을 토하게 해 목숨을 구할 수 있었다.

"구명초가 있으면 살 수 있어."

하누만은 당장에 구명초가 있는 카일라사산으로 날아갔다. 마음이 급해서인지 약초가 보이지 않자 하누만은 아예 산봉우리를 통째로 뽑아 왔다. 약초 덕분에 라마와 락슈마나, 병사들은 살아날 수 있었다. 하누만은 또 단숨에 산봉우리를 제자리에 갖다 놓고 돌아왔다.

힘을 얻은 원숭이 병사들은 다시 공격을 시작했고 마침내 인드라지트를 쓰러뜨렸다. 화가 치민 라바나는 하늘을 나는 전차를 타고 무자비하게 공격해 왔다. 라마도 인드라 신이 보낸 전차를 타고 하늘로 올라가 맞섰다. 라마가 주문을 걸며 쏜 화살이 라바나 목에 꽂혔다. 라마는 단칼에 라바나의 목을 베었지만 다시 쑤욱 새 목이 솟아났다. 목은 베어내고 베어내도 또 나왔다.

"안 되겠다! 이 무기를 쓸 수밖에."

라마는 함부로 쓰지 않는 마지막 무기, 브라흐마스트라를 꺼냈다. 라마는 숨을 고르고 브라흐마스트라로 라바나의 심장을 겨누었다. 라마가 쏜 브라흐마스트라의 화살이 라바나를 향해 날아갔다. 화살은 정확히 라바나의 심장에 꽂혔다. 라바나의 심장은 단숨에 터져 버렸고, 전차에서 떨어진 라바나는 피를 토하며 쓰러졌다. 사흘간의 전투 끝에 마침내 라마는 승리를 얻었다.

라바나에게 잡혀 있던 시타는 드디어 라마와 만났다. 둘은 서로를 얼

싸안으며 기뻐했다. 하늘에서는 신들이 황금마차를 타고 내려왔다.

"당신은 라마이면서, 비슈누 신의 화신입니다. 시타는 비슈누 신의 아내인 락슈미의 화신입니다. 라바나가 세상의 질서를 어지럽혀서 비슈누 신이신 당신이 인간의 모습을 하고 라마로 태어난 것이지요. 인간만이 라바나를 물리칠 수 있어서랍니다. 선이 악을 이겼고, 이렇게 질서를 바로잡았으니 이제 세상에 평화가 왔습니다."

브라흐마 신은 라마와 시타를 축복해 주었다.

라마는 시타, 락슈마나, 하누만 등과 함께 아요디아 왕궁으로 향했다. 왕궁을 떠난 지 열네 해 만이었다. 자신이 왕이 되는 게 도리에 맞지 않다고 여겼던 바라타도, 많은 백성들도 라마를 환영해 주었다. 라마가 도착하자 바라타는 머리를 깊이 숙였다.

"형님, 기다리고 있었습니다. 저와 제 어머니를 용서하시고 왕좌에 올라 주세요."

"내가 궁을 떠난 것은 세상의 질서를 바로잡기 위해서였다. 너와 네 어머니는 죄가 없다."

라마는 모두를 용서했다. 그리고 코살라 왕국의 왕이 되어 세상에서 가장 평화로운 나라를 만들었다. 시타 또한 자비로운 왕비로서 온 백성을 따스한 마음으로 보듬어 주었다.

선은 무엇이고, 악은 무엇일까?

신화를 보면 옛사람들은 선을 더불어 살아가야 하는 덕목으로 여겼어요. 악은 사라져야 할 존재로 생각했고요. 사전을 찾아보면 선은 '올바르고 착하여 인간의 도덕적 기준에 맞음'이라고 나와요. 반면에 악은 '못되고 나빠서 인간의 도덕적 기준에 어긋남'이라고 나오지요. 다시 말해 악은 불법을 저지

르며 사회 질서를 어지럽히는 것이라고 할 수 있어요.

언뜻 보면 선은 악보다 힘이 약해 보여요. 악에게 고난을 당하기도 하고 금방이라도 무릎을 꿇을 것만 같지요. 그렇지만 선은 늘 여러 가지 어려움을 겪으며 악과 대결해 나가요. 악을 물리치기 위해 싸움이 필요한 때도 있어요. 하지만 어떻게 악을 감싸 안고 돌이키게 하느냐가 더욱 중요해요. 선으로 악을 바로 세울 수 있다면 가장 바람직한 일인 것이지요. 라마는 왕좌를 빼앗길 때도 화를 내지 않았어요. 시타가 납치당했을 때도 당장 싸우기보다 악마 라바나와 평화롭게 협상하기를 원했지요.

선과 악은 구분 짓기가 쉽지 않아요. 상황에 따라 그 기준이 달라질 수 있기 때문이에요. 그리스·로마 신화에서 프로메테우스는 제우스에게서 불을 훔쳐 인간에게 주어요. 인간들은 불 덕분에 무기를 만들어 자신을 보호했고, 도구를 만들어 농사를 지을 수 있었어요. 프로메테우스의 행동은 인간에게는 선한 일이었지만, 제우스에게는 그렇지 못했어요. 결국 프로메테우스는 화가 난 제우스에게 큰 벌을 받고 만답니다.

예로부터 선과 악은 떼려야 뗄 수 없는 관계였어요. 우리 사회에도 선과 악이 함께 존재하고 서로 대립하며 뒤섞여 있어요. 그렇다면 우리는 어떻게 선에 다가갈 수 있을까요? 자신의 이로움만 생각하지 않고, 다른 사람에게도 도움이 되는 일을 하도록 노력하는 자세가 필요하겠지요?

인도 신화, '라마야나'

『라마야나』는 '라마의 여정'이라는 뜻이에요. 『라마야나』는 바라타족의 전쟁 이야기인 『마하바라타』와 더불어 쌍벽을 이루는 인도 신화예요. 웅장하고 긴 시로 되어 있는 대서사시로 힌두교의 경전 같은 이야기랍니다.

인도 코살라 왕국의 왕자인 라마는 사실 신들을 위협하는 악마 라바나를 무찌르기 위해 비슈누 신이 환생한 사람이었어요. 비슈누는 힌두교에서 악을 없애고 정의를 이루는 평화의 신이에요. 민간 신앙, 브라만교, 불교 등이 합쳐져 생긴 힌두교는 13억이 넘는 인도 인구의 80퍼센트가 믿고 있답니다.

아요디아 왕궁을 떠나는 라마 일행을 그린 그림 코살라 왕국의 왕자 라마는 왕궁을 떠나 14년 동안 모험을 하고 돌아온다.

힌두교는 생활 속에 깊이 들어온, 인도 사람들의 문화 그 자체지요.

라마의 모험이 펼쳐지는 이 이야기는 오래전부터 입에서 입으로 전해 내려왔어요. 그것을 발미키라는 고대 시인이 정리했답니다.

힌두교도들은 사람이 죽으면 다시 태어난다는 영혼 불멸과 윤회설을 믿어요. 특히 사회 체계를 위해 사람이 마땅히 지켜야 할 도리인 '다르마'를 중요하게 여겼어요. 다르마는 신분을 구분해 놓은 카스트 제도와도 관련이 깊어요. 승려 계급인 브라만, 왕족과 무사 계급인 크샤트리아, 농부와 상인 계급인 바이샤, 노예 계급인 수드라는 각기 신분에 따라 자신에게 맞는 도리를 지켜야 했답니다.

라마는 불의한 일 속에서도 아들로서의 효심, 형제간의 우애, 아내를 향한 사랑 등 인간의 도리를 지키며 어려움을 헤쳐 나갔어요. 또 왕으로서 용서와 화해를 베풀었지요. 시타는 남편에 대한 사랑과 존경을 잃지 않았고요. 하누만은 장군으로서 자신의 일을 성실하게 수행했지요. 바라타도 라마를 두고 왕이 되어서는 안 된다고 생각했기에 라마에게 왕위를 돌려주었지요.

이렇게 『라마야나』 이야기 속에는 인도 사람들이 살아가야 할 도리가 드러나 있어요. 그래서 인도 사람들 누구라도 이 이야기를 읽으며 다르마를 쉽게 배울 수 있답니다.

아시아에 남아 있는 라마야나의 흔적

『라마야나』는 조금씩 새로 쓰이며 아시아 여러 나라에 전해졌어요. 캄보디아, 인도네시아, 라오스, 태국 등에 여러 가지 형태로 남아 있지요. 사원에 얕게 파낸 부조에도, 무용이나 극에서도 『라마야나』이야기를 만날 수 있답니다. 인도네시아의 께짝 댄스는 『라마야나』이야기를 우리나라 마당놀이 형식으로 만든 것이에요. 원숭이 장군 하누만의 활약이 돋보이는 극이지요.

캄보디아의 앙코르와트는 '도시의 사원'이라는 뜻으로 크메르족이 세운

앙코르와트 회랑의 부조 중 일부 라마가 하누만과 원숭이 부대(왼쪽)와 함께 라바나(오른쪽)에 맞서 싸우는 랑카섬 전투 장면이 표현되어 있다.

힌두 사원이에요. 크메르가 망하고 오랫동안 밀림에 묻혔다가 1860년, 나비를 채집하러 갔던 프랑스 학자 앙리 무오에 의해 발견되었지요. 앙코르와트의 긴 회랑에는 라마가 하누만과 원숭이 부대와 힘을 합해 악마 라바나와 싸우는 랑카섬 전투 장면 등이 자세하게 부조되어 있답니다.

'원숭이' 하면 하누만보다 손오공이 먼저 떠오르는 친구들이 있을 거예요. 그렇다면 인도『라마야나』에 나오는 하누만이 먼저일까요? 중국『서유기』에 나오는 손오공이 먼저일까요? 시기적으로는 하누만이 훨씬 빨라요. 그러나 두 원숭이의 활약은 비슷하답니다.

『라마야나』에서는 하누만이 라마를 도와 악마와 싸우고, 『서유기』에서는 손오공이 삼장법사를 도와 요괴를 물리쳤어요. 둘 다 악에 대항해 싸웠지요. 하누만은 쇠망치를, 손오공은 여의봉을 들고 신통술을 부리는 것도 비슷해요. 또 하누만은 태양신을 괴롭히다 땅으로 추방되었고, 손오공은 하늘의 복숭아 연회를 아수라장으로 만들어 돌산에 갇히게 되었어요.

두 이야기를 비교해 보았을 때 하누만이 손오공의 모델이 된 것 같아요. 인도에서 중국으로 불교가 전해지면서『라마야나』도 함께 들어가 손오공이 탄생된 게 아닐까 추측해 볼 수 있답니다.

• 이집트 신화 •

영원히 죽지 않는 삶

오시리스는
어떻게 죽음을 이겨 내고
다시 살아났을까?

"아름다운 우리 왕이 오신다!"

백성들이 환호했다. 오시리스 왕도 손을 높이 올리며 답했다. 백성들은 농사법을 가르쳐 주고 인품까지 뛰어난 오시리스를 존경했다. 오시리스는 농사법, 건축법, 천문학 등을 다른 나라에 알리느라 여행을 떠났다 돌아오는 길이었다.

"먼 길 고생 많으셨어요."

긴 머리카락을 휘날리며 이시스 왕비가 반갑게 오시리스를 맞이했다. 이시스는 오시리스를 도와 백성들에게 음식, 옷감, 미술, 음악, 춤을 알려 주었다. 그래서 백성들은 오시리스만큼이나 이시스도 좋아했다.

"형님, 어서 오십시오. 형님이 가시는 길마다 칭송이 자자했다 하더군요. 대단하십니다."

세트가 이시스 앞으로 튀어나오며 오시리스를 껴안았다. 오시리스의 동생인 세트는 내색하지는 않았지만 왕이 된 형을 못마땅하게 여겼다. 이시스는 그런 세트가 형에게 못된 짓을 할까 봐 늘 걱정이었다.

"형님, 오늘 밤에 제가 형님을 위해 잔치를 열었으니 꼭 오십시오."

세트의 말에 오시리스는 기꺼이 초대에 응했다.

저녁때가 되어 오시리스는 잔치가 열릴 연회장으로 향했다.

"세트의 눈빛이 음흉했어요. 분명 무슨 짓을 저지를 거예요. 제발 가지 마세요."

오시리스는 눈물을 흘리며 말리던 이시스의 모습이 떠올랐다. 하지만 동생이 자신을 해코지할 거라고는 생각하지 않았다.

연회장에는 세트의 부하들이 생각보다 많이 모여 있었다.

"왕이시여, 영광이옵니다."

세트의 부하들은 오시리스 앞에 경의를 표했다. 모두들 먹고 마시며 분위기가 한창 무르익었을 때 몇몇 사람이 보석이 박힌 화려한 관을 메고 왔다. 이집트 사람들은 죽음 후에 다시 태어난다고 생각했다. 그러려면 반드시 육체가 필요했으니 관 또한 무척 중요하게 여겼다.

"자, 형님이 여행에서 돌아온 것을 기념해서 만든 관입니다. 누웠을 때 딱 맞는 분께 이 관을 드리겠습니다."

세트의 말에 여럿이 앞다퉈 나가 관에 누워 몸을 맞춰 보았다.

"에이, 아까워. 난 너무 뚱뚱해서 안 맞네."

"나한텐 관이 너무 짧은걸?"

모두들 아쉬워하며 관에서 일어났다. 세트의 부하들은 곧 오시리스를 바라보며 소리쳤다.

"오시리스 왕이시여! 누워 보소서."

사실 세트가 오시리스 몸에 딱 맞게 관을 만들었고, 부하들에게 부추기라고 말해 두었던 터였다. 아무것도 모르는 오시리스는 뚜벅뚜벅 걸어가서 관에 누웠다.

"어허, 내 몸에 맞춘 듯 딱 맞구나."

그때 세트가 달려와 관 뚜껑을 단번에 닫았다. 몸이 요철처럼 꽉 끼어 오시리스는 꼼짝도 할 수 없었다. 세트가 눈짓을 하자 부하들이 달려와 관에 못을 박아 버렸다.

"전 형님한테 모든 걸 빼앗겼습니다. 왕좌도, 이시스도 다 빼앗겼단 말입니다. 형님이 얼마나 미웠는지 아십니까? 나도 이제 왕이 되어야겠습니다."

세트는 관을 들고 나가 나일강에 던져 버렸다. 관은 물살에 흔들리며 빠르게 떠내려갔다.

오시리스의 소식을 들은 이시스는 깊은 슬픔에 빠졌다. 하지만 이내 정신을 차리고 머리카락을 잘랐다. 상복으로 갈아입은 이시스는 시신을 찾으러 나섰다. 어떻게든 오시리스의 장례를 치러야 했다. 그래야 오시리스가 죽은 자의 나라에 들어갈 수 있기 때문이었다.

　나일강을 빠져나간 관은 북쪽 바다로 흘러갔다. 파도에 쓸려 이집트에서 수백 킬로미터나 떨어진 비블로스(지금의 레바논)에 닿았다. 관이 타마리스크 나무에 걸리며 마침내 멈췄다. 나무는 가지로 덮어 관을 품고

아주 멀리까지 향기를 풍겼다. 소문을 들은 비블로스의 왕이 타마리스크 나무를 베어다가 새로 짓는 궁궐의 기둥으로 사용했다.

이를 알게 된 이시스는 곧바로 비블로스로 달려갔다. 몸이 약한 막내 왕자의 보모가 되어 궁궐로 들어갔지만 오시리스의 관을 찾는 것이 쉬운 일은 아니었다.

한편 이시스는 몸이 약한 왕자가 걱정되어 매일 밤 영원한 생명을 주는 마법의 불 속에 눕히고 마법을 부렸다. 몇 번만 더 하면 영원한 생명을 얻을 수 있었는데, 그만 그 모습을 비블로스의 왕과 왕비가 보고 말았다. 그들은 불 속에 있던 왕자의 몸이 전혀 데지 않은 것을 보고는 이시스가 보통 사람이 아니란 것을 알게 되었다. 비블로스의 왕은 이시스에게 고마움과 경외심으로 소원을 들어주겠노라 말했다.

"저 기둥 속에 남편의 관이 들어 있습니다. 관을 돌려주십시오."

"여신이시여, 그리하소서."

비블로스의 왕과 왕비가 머리를 숙였다. 이시스는 그들을 축복한 후 기둥 속에 있는 관을 돌려받았다.

이시스는 관을 가지고 나일강 삼각주 갈대 늪으로 왔다. 관을 열고는 남편의 뺨에 얼굴을 비비며 슬프게 울었다. 이때 이시스는 마법으로 아들 호루스를 잉태했다. 그러나 곧 커다란 두려움이 몰려왔다. 오시리스의 관을 찾고, 아기까지 가진 걸 알면 세트가 가만두지 않을 것 같았다.

이시스의 걱정대로 세트는 나일강가로 사냥 나왔다가 오시리스의 관을 발견했다. 화가 난 세트는 보름달이 휘영청 떠오른 날 밤 시신을 열네 조각을 내어 흩뜨렸다.

그렇다고 포기할 이시스가 아니었다. 이시스는 여동생 네프티스와 네프티스의 아들 아누비스와 함께 오시리스의 시신을 찾으러 떠났다. 열네 곳에 뿌려진 시신을 찾는 데는 오랜 시간이 걸렸지만 뛰어난 후각을 자랑하는 아누비스 덕분에 한 조각을 제외하고 모두 찾아낼 수 있었다.

"당신을 꼭 살려 내겠어요."

이시스는 시신 조각을 잘 맞추어 바느질을 시작했다. 다시 살아나려

면 몸이 온전해야 했다. 한 땀 한 땀 정성껏 꿰매어 붙이니 오시리스의 몸이 고스란히 만들어졌다. 끝내 찾지 못한 부분은 나무로 만들어 완성했다.

"이제 우리한테 맡겨 주세요."

네프티스와 아누비스가 정성껏 약초 물을 발랐다. 그리고 머리부터 발끝까지 천으로 감아 미라를 만들었다. 시신을 보존하는 부활 의식이었다. 미라 앞에 선 이시스는 지혜의 신 토트가 가르쳐 준 주문을 외우고 간절히 빌었다. 그러자 미라가 천천히 몸을 일으켰다.

"오시리스! 살아나셨군요! 살아나셨어요!"

"고맙소, 이시스! 당신 덕분에 다시 살아났소."

"저는 당연한 일을 했을 뿐이에요. 이제 저랑 함께 살아요."

이시스는 뜨거운 눈물을 흘렸다. 오시리스는 이시스의 두 손을 잡아 주었다.

"나는 죽었다 살아났으니 부활과 저승의 신이 될 것이오. 아쉽지만 지하 세계로 가야 하오."

오시리스는 평화로워 보였다. 이시스가 붙잡지 못할 엄숙한 힘이 느껴졌다. 오시리스는 이시스에게 작별 인사를 하고 해가 지는 서쪽 문으로 들어갔다.

"오시리스! 당신은 지하 세계에서도 정의로운 왕이 될 거예요."

이시스는 하염없이 손을 흔들었다.

죽음 이후에 새로운 세상이 있을까?

이 세상에 태어나서 죽지 않는 사람이 있을까요? 죽음을 피할 수 있는 사람은 아무도 없어요. 예로부터 사람들은 죽음을 어쩔 수 없는 운명이라 받아들이면서도 몹시 두려워했어요. 죽음을 맞기까지 고통이 따랐고, 죽은 뒤에 어디로 가서 어떻게 되는지 알 수 없어 막연한 두려움이 있었던 것이지요. 또 정든 가족과 친구, 집 등 지니고 있던 모든 것에서 떠나야 한다는 아쉬움도 있었을 거예요.

고대 이집트에서는 사람이 죽으면 미라를 관 속에 넣으며 장례 문서인

〈사자의 서〉도 함께 넣었어요. 〈사자의 서〉는 죽음의 세계에 대한 안내서라고 할 수 있답니다. 〈사자의 서〉에는 죽음의 신 오시리스 앞에서 정의와 진리를 상징하는 마아트 신의 깃털과 죽은 이의 심장을 저울에 달아 무게를 재는 그림이 있어요. 심장이 깃털보다 무거우면 죄를 많이 지은 것으로 판단해 괴물 암무트가 삼켜 버려요. 부활도 할 수 없게 되지요. 하지만 심장이 깃털과 수평을 이루면 착한 삶을 인정받아 영원한 생명이 주어지지요.

동양에서는 염라대왕이 업경대라는 거울로 살아 있을 때 한 일을 비추어 본답니다. 그래서 선한 일을 많이 했으면 평안한 세상으로, 악한 일을 많이 했으면 지옥으로 보내는 것이지요. 살았을 때의 행동에 따라 다시 태어나기 때문에 선한 일을 많이 한 사람은 사람으로 태어나고, 그렇지 않은 사람은 미물로 태어난답니다.

이처럼 서양이나 동양 모두 죽음 이후의 세계가 있다고 생각했어요. 심판이 있다는 것도, 심판을 다루는 신이 있다는 것도 비슷하지요.

신화나 종교에 담긴 죽음 이후 이야기에는 '삶을 제대로 살아라.'라는 교훈이 담겨 있어요. 비록 지금은 고되고 괴로운 삶일지라도 착하게 살면 죽어서 좋은 곳에 가거나 죽은 다음 새로운 세상에서 다른 삶을 살 거라는 믿음, 또는 새롭게 태어날 수 있다는 생각을 담고 있지요. 이는 달리 말하면 현재의 삶이 그만큼 중요하다는 말이기도 하답니다.

이집트 신화, '오시리스와 이시스'

오시리스는 이 세상이 생기고 첫 해에 누이인 이시스, 남동생 세트, 누이인 네프티스와 함께 태어나요. 어머니는 하늘의 여신 누트, 아버지는 땅의 남신 게브였어요. 오시리스는 여동생 이시스와, 세트는 네프티스와 결혼을 한답니다.

이집트 최초의 파라오가 된 오시리스는 세트의 손에 죽고 말아요. 그러나 이시스와 네프티스, 아누비스가 미라로 만들어 살려 내지요. 영혼 불멸을 믿는 고대 이집트에서는 죽음 이후에 다시 살아가려면 육체를 보존해야 한다고 믿었어요. 그래서 이시스도 오시리스의 시신을 꿰매어 온전하게 만들었던

이집트의 신들 오시리스(가운데), 호루스(왼쪽), 이시스(오른쪽)를 새긴 유물로, 프랑스 루브르 박물관에 전시되어 있다.

것이지요.

　오시리스 몸에 약초 물을 발라 미라로 만든 행동은 이집트의 장례 문화가 되었어요. 미라는 시신의 장기를 빼낸 뒤 송진을 바르고 삼베로 싸매 만들어요. 위장, 창자, 폐, 간은 4개의 카노푸스 단지에 나누어 담았지요. 심장에는 영혼이 깃든다고 생각했기에 몸에 그대로 두었어요.

　오시리스와 이시스 이야기는 부활과 죽음 이후의 세계를 보여 주는 이집트의 대표 신화예요. 이집트 사람들은 죽어도 끝이 아니라고 생각했어요. 이집트를 흐르는 나일강은 해마다 홍수가 일어났고 물이 불어나 모든 것을 쓸어 버렸어요. 그것은 곧 죽음과 같았지요. 하지만 홍수가 지나간 다음 강에는 영양가 많은 흙이 쌓였고, 곡식을 심으면 쑥쑥 자라나 풍년이 왔어요. 이것은 부활이에요. 죽었던 오시리스가 다시 살아난 것처럼요. 오시리스의 부활은 이집트 사람들에게 죽음 이후의 세계에 대한 굳건한 믿음이 되었지요.

　태양을 숭배하던 이집트 사람들은 태양신 '라'를 최고의 신으로 여겼어요. 하지만 죽음 이후의 세계에 관심이 많아지면서 풍요의 신이며, 부활의 신이며, 저승의 신인 오시리스를 최고의 신으로 섬기게 되었어요. 죽으면 누구나 오시리스 앞에 나아가 심판을 받는다고 생각했지요.

　이시스는 남편을 살려 냈을 뿐 아니라 아들 호루스를 잘 키워 파라오에 오르게 했어요. 훌륭한 아내와 어머니의 본을 보인 이시스는 죽은 자를 보호하는 위대한 여신이랍니다.

영화가 된 미라와 피라미드

이집트 왕들은 미라를 만든 뒤 튼튼하고 거대한 묘지인 피라미드를 건설했어요. 피라미드는 고대 이집트인의 부활에 대한 염원이 담긴 곳이었지요. 그래서 피라미드 안에는 부활을 기다리며 쓸 물건들, 노예 인형, 부적 등을 함께 넣었답니다.

피라미드는 4~5천 년 전에 이집트 이곳저곳에 많이 세워졌어요. 여러 피라미드 중 4대 왕조 쿠푸 왕의 피라미드가 가장 크답니다. 피라미드는 짓는 데 약 20년이 걸렸을 것이라 추측해요. 현대 과학으로 볼 때 당시 피라미드 건설은 불가사의한 일이에요. 평균 2~3톤이나 되는 바위를 147미터로 높

쿠푸 왕의 피라미드 피라미드 중 가장 커서 '대피라미드'라고도 불린다.

이 쌓기란 힘든 일이거든요. 기중기나 바퀴나 쇠붙이 도구도 없이 말이에요. 어떤 돌은 50톤이나 되는 것도 있었답니다.

이렇게 불가사의한 이집트의 미라와 피라미드

프랑스 루브르 박물관에 전시된 이집트 미라

는 현대인들에게 상상력을 불러일으켰어요. 1932년부터 〈미이라〉라는 영화가 만들어졌지요. 관객들의 흥미를 유발하는 공포 영화로 3천 년 동안 기다렸던 미라가 부활하게 되는 이야기예요. 1999년에는 공포가 아닌 유머와 모험이 담긴 영화로 만들어졌고, 이후 조금씩 변화되어 시리즈로 나왔어요. 2017년에도 새로운 〈미이라〉 영화가 만들어졌어요. 미라는 애니메이션에도 등장해 어린이 관객에게도 인기를 얻었어요. 그만큼 상상력을 자극하는 이야기 재료인 것이지요.

특히 2016년 개봉한 〈갓 오브 이집트〉란 영화는 오시리스와 이시스 신화가 중심이며, 아들인 호루스가 주인공이었어요. 이집트 신화를 흥미롭게 풀어내 큰 인기를 끌었답니다.

• 태국 신화 •

생명을 살리는 농사

상아사 할아버지와
상아시 할머니는 어떻게 벼농사를
짓게 되었을까?

아주아주 오랜 옛날의 세상은 온통 캄캄했다. 해도, 달도, 별도 없었다. 땅이 사슴 발자국보다 작았다. 온 세상에 물이 가득했고 물속에는 신비한 기운이 움직이고 있었다.

캄캄한 물 위로 바람이 쉴 새 없이 불자 물결이 출렁거렸다. 이때 물고기들이 생겨났다. 천둥 같은 소리가 들리면서 넓은 땅이 솟고, 세찬 바람을 따라 남자와 여자가 보였다. 곧 남자와 여자 머리 위로 빛나는 해가 떠올랐다. 남자는 상아사 할아버지, 여자는 상아시 할머니였다. 밤이 되자 달과 별들도 두 사람을 축복해 주었다.

"땅에 아무것도 없으니 너무 허전하지 않아요?"

상아사 할아버지가 말했다.

"예, 이 땅을 우리가 채워야겠어요."

상아시 할머니도 두 손을 걷어붙였다.

"우리 둘이 해야 할 일이 많군요."

두 사람은 힘을 모아 풀과 나무를 심었다. 또 진흙을 빚어 동물들을 만들었다. 그러자 온 땅이 아름다워졌다. 새들은 마음껏 노래하고, 꽃들은 갖가지 색깔을 자랑하며 곱게 피어났다. 나비들이 나풀나풀 날아오고 벌들이 윙윙거렸다. 곧 토끼, 원숭이, 여우도 숲속을 뛰어다니고 호랑이도 어슬렁거렸다.

상아사 할아버지와 상아시 할머니는 아들딸을 많이 낳았다. 새가 울고 꽃이 피는 세상에 사람들이 점점 늘어났다. 사람들이 많아지자 상아사 할아버지와 상아시 할머니는 무척 기뻤다. 들썩들썩 즐겁게 살아가는 모습이 좋아서였다. 하지만 문제가 생기고 말았다.

"먹을 게 부족해요."

사람들은 상아사 할아버지와 상아시 할머니에게 와서 하소연했다. 그동안은 열매와 채소만으로 충분했는데 이제는 사람이 많아져서 식량을 구하기가 힘들었다.

"배가 너무 고파요."

아이들이 배를 움켜쥐고 보챘다.

"우리도 배가 고프단다, 얘들아."

어른들은 아이들을 달래느라 애를 먹었다. 그때 한 사람이 상아사 할아버지와 상아시 할머니에게 말했다.

"밀림에 사는 거인이 벼농사를 짓고 있다 들었어요."

"맞아요. 거인에게 볍씨를 달라고 부탁해 봅시다."

"벼농사를 지으면 우리도 쌀을 먹을 수 있겠죠?"

사람들은 큰 발견이라도 한 듯 목소리를 높였다. 하지만 거인을 찾아가 볍씨를 얻어 오겠다고 나서는 사람은 없었다. 거인이 사는 밀림에는 사나운 짐승들이 살고 있기 때문이었다. 짐승 울음소리만 들어도 사람들은 걸음아 나 살려라 하며 도망칠 게 뻔했다.

상아사 할아버지와 상아시 할머니는 거인에게 보낼 지혜롭고 용감한 사람을 뽑았다.

"만약 사나운 짐승이 나타나면 상아사 할아버지와 상아시 할머니가 보냈다 하시게. 그리고 거인에게 가서도 똑같이 말하시게."

"예, 꼭 볍씨를 얻어 오겠습니다."

심부름꾼은 씩씩하게 길을 떠났다. 이윽고 밀림에 들어서자 사나운 짐승들이 튀어나왔다.

"크아앙! 누가 허락 없이 우리 땅에 들어오느냐?"

날카로운 이빨을 드러내며 으르렁거리는 짐승들은 당장에라도 심부름꾼을 물어뜯을 것 같았다.

"나는 너희를 만든 상아사 할아버지와 상아시 할머니가 보냈다."

이 말을 듣자 짐승들은 이빨을 숨기며 조용히 뒷걸음질했다. 심부름꾼은 밀림을 헤치며 나아갔다. 사방으로 뻗은 덩굴 식물이 길을 막고 가시덤불이 몸을 찔렀다. 심부름꾼의 온몸은 상처투성이가 되었다. 그래도 볍씨를 얻어야 한다는 마음 하나로 힘을 냈다.

드디어 심부름꾼은 거인 앞에 무릎을 꿇었다. 거인이 우레와 같은 목소리로 물었다.

"너는 어떻게 이 험한 밀림까지 왔느냐?"

"예, 저는 볍씨를 얻으러 이곳에 왔습니다."

"뭐라고? 볍씨가 얼마나 귀하고 신성한 것인 줄 알고 하는 말이냐?

감히 그걸 달라고 하다니!"

"먹을 것이 부족해서 사람들이 굶주리고 있어요. 아이들은 배가 고파 울고 있어요."

심부름꾼이 사정을 설명하며 부탁했지만 거인은 고개를 저었다. 그때 심부름꾼이 소리쳤다.

"상아사 할아버지와 상아시 할머니가 저를 보냈습니다."

"음, 그랬단 말이지."

이번에는 거인이 얼굴빛을 바꾸고 순하게 말했다. 거인은 남자 어른의 팔뚝만 한 볍씨를 내주었다.

"정성껏 길러야 한다. 그래야 맛있는 쌀을 얻을 것이다."

"감사합니다. 감사합니다."

심부름꾼은 몇 번이나 고개를 숙여 인사했다. 볍씨는 봇짐에 담아 잘 짊어지고 집으로 향했다.

상아사 할아버지와 상아시 할머니는 멀리

서 볍씨를 메고 오는 심부름꾼을 발견했다. 두 사람은 뛸 듯이 기뻐했다. 심부름꾼을 기다리던 사람들도 환호성을 질렀다.

"거인이 정성껏 기르라 했습니다."

심부름꾼이 볍씨를 내려놓으며 말했다.

"물론이네. 우리 모두를 배부르게 해 줄 볍씨 아닌가."

상아사 할아버지와 상아시 할머니는 기름진 땅에 커다란 볍씨를 조심스럽게 심었다.

"푸르게 싹을 틔우고 쑥쑥 잘 자라라."

사람들이 나와 볍씨를 심는 모습을 지켜보았다. 모두들 벌써 알곡을 맺어 맛있는 쌀을 먹게 된 것처럼 들떠 있었다.

얼마 후 싹이 돋았다. 아침에는 이슬을 먹고 낮에는 햇살을 먹고 쑥쑥 잘도 자랐다. 그리고 바람대로 노랗게 알곡을 맺었다. 사람들은 이 소중한 알곡을 다시 심고 추수를 했다. 그렇게 심고 거두기를 반복하면서 벼농사가 이어지고 널리 퍼져 나갔다.

"쌀밥이 이렇게 맛있는 줄 몰랐어."

"한 알 심으면 열 배, 백 배 많아지니 얼마나 고마운지……."

사람들은 맛있는 쌀밥을 배불리 먹을 수 있어서 기뻤다. 해마다 볍씨를 심을 무렵이면 축제도 열었다. 거인에게 받아 온 볍씨를 기억하고 풍년도 기원하는 축제를 열었다. 사람들은 쌀 덕분에 평화롭고 행복하게 지냈다.

농사는 왜 중요할까?

식량은 삶과 매우 밀접한 관계를 갖고 있어요. 원시 시대에는 사냥을 하고 열매를 따 먹는 수렵 생활을 했어요. 그러다 농사를 지으면서 한곳에 정착하게 되고, 인구도 점점 늘었어요. 사람들은 농사를 관장해 주는 신을 믿었고, 그 신에게 제사를 지내며 풍년을 기원했지요.

상아사 할아버지와 상아시 할머니는 거인에게 받아 온 볍씨를 소중하게 다루었어요. 정성을 다해 가꾸었고, 잘 자라서 열매가 많이 맺히기를 간절

히 바랐지요. 사람들이 걱정 없이 먹고살 식량이 필요했기 때문이에요.

먼 옛날에는 농사의 성공과 실패가 오로지 하늘에 달려 있었어요. 하늘이 적당한 때에 꼭 맞는 양의 비를 내려 주면 그해 농사는 풍년이었지요. 하지만 비가 너무 많이 오거나 적게 오면 벼가 제대로 자라지 못해 흉년이 들었어요. 농사는 농부의 노력도 필요했지만 하늘의 역할이 컸답니다.

우리나라 신화에도 농사에 관한 이야기가 나와요. 농사를 지으려면 무엇보다 날씨가 중요해요. 단군 신화를 보면 환웅은 바람을 주관하는 풍백, 비를 주관하는 우사, 구름을 주관하는 운사를 거느리고 땅으로 내려와요.

케찰코아틀은 멕시코의 농업신이에요. 멕시코의 주식인 토르티야는 케찰코아틀이 나누어 준 옥수수로 만들어요. 중국의 신농씨는 농사법을 전파했어요. 그리스 신화에서는 데메테르가 농업과 곡식의 신이에요. 아프리카 잠비아의 이라족도 벼농사를 지었어요. 죽은 여자아이를 묻은 곳에서 풀이 자랐는데 그 풀에서 벼가 맺혀 쌀을 얻었다고 해요.

농사는 인간의 생존과 떼려야 뗄 수 없는 일이었어요. 인구가 늘어가는 만큼 식량도 늘어나야 했으니까요. 식량 문제는 생존 문제였기에 어느 지역에서나 농사를 소중하게 여길 수밖에 없었지요. 그래서 세계 곳곳에 농사에 관한 신화가 전해 오는 것이랍니다.

태국 신화, '상아사 할아버지와 상아시 할머니'

태국 북부와 동북부 지방에 전해 오는 상아사 할아버지와 상아시 할머니 이야기는 농사의 기원을 담은 타이족 고유의 신화예요. 강우량이 풍부하고 토양이 기름진 태국의 자연환경 때문에 농사 이야기가 생겨났을 거예요. 원시 사회에서 가장 중요한 것 중 하나가 바로 식량이었을 테니까요.

그에 반해 태국 중부 지방은 힌두교 영향으로 힌두교 신들에 관한 신화가 전해 오고 있어요. 바로 인도의 『라마야나』에 뿌리를 둔 태국판 라마야나, '라마끼엔'이랍니다.

벼가 익어 가는 태국의 논

태국은 약 5천 년 전에 벼농사가 시작되었다고 해요. 신화에 따르면 상아사 할아버지와 상아시 할머니는 인구가 늘어감에 따라 모자라는 식량 때문에 고민이 많았어요. 이 문제를 거인의 볍씨로 해결하지요. 벼농사를 통해 식량이 해결되자 사람들은 점점 더 멀리까지 나가 새로운 터전을 일구었을 거예요. 그 후 벼농사는 점점 더 발전하게 되었겠지요.

태국은 물의 나라, 쌀의 나라라고 불려요. 채소나 과일도 풍성하게 생산되고요. 태국의 수코타이 왕조 랑 캄행 대왕의 비문을 보면 '강에는 물고기가 있고, 논에는 벼가 있다.'라는 내용이 있어요. 물고기를 잡고 싶으면 언제든지 그물을 던지면 되고, 벼는 뿌리기만 해도 잘 자랐던 것이지요. 태국은 기름진 땅과 따뜻한 기후 덕분에 일 년에 세 번이나 쌀을 수확할 수 있답니다. 몸을 움직여 일만 하면 먹고사는 데 아무런 어려움이 없는 곳이지요.

랑 캄행 대왕의 비석 수코타이 시대의 왕권, 정치, 사회 제도, 종교, 생활 모습 등 다방면의 내용을 읽어 낼 수 있다.

벼농사의 나라, 태국

태국은 지금도 농토의 60퍼센트를 벼를 심는 데 이용해요. 오랫동안 벼농사를 지어 왔을 뿐 아니라 쌀 생산량도 많아 세계 최대의 쌀 수출국이지요. 일 년 내내 기온이 높아 물만 있으면 벼가 잘 자라기 때문이랍니다. 그래서 태국에서는 농사와 관련된 행사와 축제가 열리고 있어요.

태국에 남서 계절풍이 불어오면 우기가 시작돼요. 우기가 되었다는 것

태국 권농일 기념 행사 전통 복장을 한 관리들이 흰 소 앞에 다양한 곡식과 물 등을 바치고 있다.

은 농사철이 왔다는 뜻이랍니다. 태국은 이때를 새해의 시작으로 여겨 '송끄란 축제'를 열어요. 보통 4월 13일 전후에 열리는 태국 설날 축제지요. 우리나라 설날처럼 떨어져 지내던 가족들이 모여 새해를 준비한대요. 송끄란 축제 기간은 1년 중 가장 더운 시기예요. 사람들은 새해를 축복하며 물을 뿌리고 축제를 즐겨요. 물로 더위도 식히고, 우기를 맞이해 농사에 절대적으로 필요한 비를 기원하는 것이지요. 축제는 태국 전역에서 열리며 수도 방콕과 치앙마이 등에서 열리는 축제가 가장 성대하답니다.

매년 5월이면 권농일 행사가 열려요. 농사철이 시작되기 전에 국왕이 곡물의 신에게 제사를 올리지요. 이 행사에 참여하기 위해 전국의 농민들이 왕궁 앞 광장으로 모여들어요. 이때 왕실의 성스러운 흰 소 앞에 곡식과 물 등을 내놓아요. 그러고는 소가 무엇을 먹는지 살펴, 그해의 풍년과 흉년을 예측한답니다. 고대로부터 이어오는 권농일 행사는 건기를 마치고 모내기를 할 시기임을 알리고 풍년을 기원하는 행사예요. 국가적으로 농업을 장려하기 위한 행사이기도 하지요.

또 매년 10월에 태국 동부 촌부리에서는 물소 경주도 열려요. 농가에서는 농사일을 도와주는 물소를 키우는데, 그 물소들이 경주를 펼치는 거예요. 물소를 탄 기수들이 진흙탕을 달리는 이 경기는 결승점에 가장 빨리 들어온 사람이 우승해요. 농부들은 고생한 물소에게 감사하며 백 년 넘게 이 축제를 이어 가고 있답니다.

• 수메르 신화 •

소중한 자연과 환경

길가메시는
왜 삼나무를 베었을까?

 우루크의 5대 왕 길가메시는 신과 사람 사이에 태어나서 3분의 2는 신이고, 3분의 1은 사람이었다. 어머니는 풍요를 가져오는 암소의 여신 닌순이었고, 아버지는 우루크 왕 루갈반다였다. 길가메시는 열정적이고 누구도 대적할 수 없는 힘센 용사였다.

 "내 이름을 영원히 남길 모험을 떠나겠어. 삼목산에 사는 괴물 훔바바를 죽여 악을 물리치고 삼나무를 베어 올 거야. 엔키두, 나와 같이 가자!"

 길가메시가 의형제를 맺은 엔키두에게 말했다.

 "삼목산의 울창한 삼나무는 정말 웅장합니다. 끝이 보이지 않는 숲에 들어서면 신성한 기운이 온몸을 감싸 두려움마저 생기지요. 더구나 숲을 지키는 훔바바는 무서운 괴물입니다."

　엔키두는 예전에 숲에 살았기 때문에 숲에 대해 잘 알았다. 게다가 훔바바를 실제로 본 적도 있었다.
　"그러니 나무를 베어 오자는 거지. 목재가 부족해서 농사에 필요한 수로와 상업과 무역에 필요한 운하 건설이 중단되지 않았는가. 우리가 삼목산을 개척해 목재를 가져온다면 우루크는 더욱 넓어지고 힘 있는 나라가 될 거야."
　"그건 그렇지만, 훔바바가 숨을 내뿜으면 불덩이가 나오고, 울부짖으면 마치 폭풍이 치는 것 같아요. 그 앞에 서면 저절로 몸이 떨릴 정도랍니다. 더구나 훔바바는 엔릴의 명령을 받고 숲을 지키고 있습니다. 대기의 신 엔릴이 준 일곱 겹 갑옷을 가지고 있어서 그 누구도 훔바바를 이길 수 없어요."

엔키두가 강하게 고개를 저었다.

"난 두렵지 않다. 설사 죽더라도 사람들은 나를 훔바바와 겨룬 용맹한 자라고 기억하겠지."

길가메시는 뜻을 굽히지 않았다.

"그럼 태양의 신 샤마슈에게 도움을 청하세요. 안 그러면 우린 숲에 들어가자마자 훔바바에게 죽고 말 것입니다."

엔키두가 한 발 물러서며 말했다. 길가메시는 엔키두 말대로 샤마슈 신에게 기도를 올렸다. 샤마슈는 길가메시의 굳은 의지를 꺾지 못하고 도와주기로 했다.

길가메시는 대장간에 엄청난 무게가 나가는 도끼와 칼을 주문했다. 얼마 후 완성된 무기를 가지고 엔키두와 함께 성을 나섰다.

"자, 삼목산으로 간다."

손에 도끼를 들고, 어깨에는 활과 화살통을 메고, 허리에는 칼을 찬 길가메시가 소리쳤다. 엔키두도 무장을 하고 길가메시와 함께했다. 길가메시와 엔키두는 걷고 또 걸었다. 낯선 길을 쉬지 않고 걸어 일곱 번째 산을 넘자 마침내 눈앞에 삼목산이 나타났다. 푸른 숲은 엔키두의 말처럼 끝이 보이지 않을 정도로 넓었다. 하늘을 향해 쭉쭉 뻗은 삼나무들은 아름답고 장엄했다. 엔키두는 떨리는 목소리로 말했다.

"숲으로 들어가지 마세요. 벌써 온몸에 힘이 빠집니다."

"약해지지 말고 나를 따르라. 자, 숲에 들어가기 전에 샤마슈 신께 제사를 올리자."

길가메시는 밀가루를 땅에 뿌리며 샤마슈 신에게 도와줄 것을 빌었다. 용기를 낸 길가메시와 엔키두는 삼나무 숲으로 들어갔다. 삼나무 잎 사이로 햇빛이 내리쬐고 있었다. 삼나무 숲은 신비로운 기운으로 가득했다. 훔바바가 다니며 만든 길을 따라, 길가메시와 엔키두는 마음을 졸이며 한 걸음 한 걸음 나아갔다.

"정말 멋진 나무군. 이렇게 아름다운 나무는 처음 봐."

길가메시는 아름드리 삼나무를 보며 감탄했다. 길가메시와 엔키두는 삼나무를 향해 도끼를 내리쳤다. 삼나무가 쩌억 소리를 내며 쓰러졌다.

"캬아악! 어떤 놈이냐! 누가 겁도 없이 삼나무를 벤 것이냐!"

멀리서 훔바바의 사나운 울부짖음이 들려왔다. 길가메시와 엔키두의 등에 식은땀이 흘렀다. 막상 훔바바의 목소리를 들으니 너무 두렵고 떨렸다. 길가메시는 힘을 잃고 휘청거리다 그 자리에서 바들바들 떨었다.

"왕이여, 용기를 내십시오."

엔키두가 외쳤다. 길가메시는 다시 용기를 내어 소리쳤다.

"자, 훔바바에게로 가자."

"샤마슈 신께서 도와주실 것입니다."

엔키두도 기운을 차려 더 힘있게 말했다. 길가메시와 엔키두는 훔바바를 향해 나아갔다.

"훔바바가 일곱 개의 갑옷 중 하나만 입고 있다. 나머지 여섯 개를 입게 되면 우리는 훔바바를 이길 수 없다. 어서 공격하자."

길가메시는 곧바로 공격 태세를 갖추었다. 훔바바가 불타는 눈으로 노려보았다. 훔바바의 얼굴에는 꾸불꾸불한 무늬가 있었다. 온몸은 가시 돋친 비늘로 덮여 있었고, 발에는 날카로운 독수리 발톱 같은 게 달려 있었다.

길가메시와 엔키두는 너무 두려워서 꼼짝도 할 수 없었다. 훔바바가 커다란 발을 구르자 땅이 흔들리며 사방으로 갈라졌다. 검은 안개가 먹구렁이처럼 다가왔다. 길가메시는 당장에 훔바바 손에 죽을 것 같아 기도를 했다.

"샤마슈 신이여! 저를 도와주소서."

샤마슈는 차가운 북풍과 매섭게 치는 돌풍, 불덩이처럼 뜨거운 열풍 등 온갖 거센 바람을 동시에 일으켜 훔바바를 쳤다. 아무리 힘센 훔바바

라도 눈을 뜰 수가 없었다.

"샤마슈 신이여! 어찌 저에게 이럴 수 있습니까?"

훔바바의 울부짖음과 거센 바람소리가 뒤섞여 음산하고 소름 끼치는 소리가 숲을 가득 에웠다. 훔바바는 샤마슈 신이 돕는 길가메시를 이길 수 없다고 생각했다.

"길가메시, 나를 죽여서 무엇을 얻겠소? 나를 살려 주면 당신의 종이 되고, 숲도 주겠소."

훔바바의 말에 길가메시가 잠시 머뭇거리자 엔키두가 소리쳤다.

"안 됩니다. 당장 해치우십시오. 안 그러면 우리가 당할 것입니다. 엔릴 신이 알기 전에 어서 훔바바를 쓰러뜨려야 합니다."

길가메시는 마음을 다잡고 칼을 높이 들어 훔바바의 목을 찔렀다. 이어 엔키두가 도끼로 내리쳤다.

"쿵! 쿠르릉!"

훔바바가 온 세상이 무너지는 소리를 내며 쓰러졌다. 푸르고 신선했던 숲이 천천히 어둠에 휩싸이더니 웅웅거리며 울어 댔다. 길가메시는 신들에게 제사를 지냈다. 훔바바의 죽음을 알게 된 엔릴은 화를 내며 길가메시를 저주했다. 하지만 길가메시의 승리는 인정했다.

길가메시와 엔키두는 거대한 삼나무를 베어 와 도시를 발전시켰다. 더 많은 나무를 베어 오기 위해 군사들과 함께 삼목산으로 가기도 했다. 이를 본 다른 도시 국가들도 앞다투어 삼나무를 베어 갔다. 삼나무를 실어 나르는 행렬은 오랫동안 계속 이어졌다.

숲은 왜 지켜야 할까?

옛사람들은 숲과 나무를 신성하게 생각했어요. 숲은 새와 동물을 비롯해 온갖 생명체들의 터전이니까요. 나무가 맺는 풍요로운 열매는 소중한 식량이었고, 거센 비바람이나 폭풍우에도 살아남는 생명력은 경외심을 불러일으켰어요. 이런 신성한 숲에는 신이 살고 있다고 생각했고, 숭배하게 되었지요.

그래서 나무와 숲은 천지 창조나 건국 영웅 이야기 등으로 신화 속에 다양하게 나타난답니다. 『길가메시 서사시』에는 삼목산 숲의 아름드리 삼나무, 북유럽 신화에는 우주 나무라 불리는 위그드라실이 나와요. 단군 신화에서 환웅은 신단수, 즉 박달나무가 우거진 곳에 나라를 세우지요. 그리스·로마 신화에서 아테나 여신은 아테네 시민들에게 유익한 올리브 나무를 선물로 준답니다.

그렇다면 숲과 나무는 인간에게 어떤 이로움을 주었을까요? 나무로 모닥불을 피워 추위를 이겨 냈고, 나무에 불을 지펴 음식을 익혀 먹었으며, 사나운 짐승을 쫓을 수도 있었어요. 나무는 또 집을 짓는 재료가 되었고, 나무를 이용해서 무거운 짐이나 거대한 바위를 이동할 수 있었어요. 농부들은 나무로 농기구와 수레 등을 만들었고, 군사들의 창이나 칼도 나무로 된 자루가 있어야 했어요.

숲이 인류의 역사에 끼친 영향은 아무리 헤아려도 끝이 없어요. 길가메시가 살았던 수메르 지역에서도 나무는 유용한 재료였어요. 도시를 더 발전시키기 위해서는 목재가 절실하게 필요했어요. 그래서 길가메시는 목재를 구하기 위해 삼목산 삼나무 숲으로 갔지요. 그 후손들도, 그 후손들의 후손들도 나무가 필요했을 거예요. 지금 이 부근이 나무 한 그루 없는 사막인 것은 벌목의 영향이 컸을 것으로 예측한답니다.

숲을 함부로 훼손하면 결국 그 피해는 인간에게 돌아와요. 메소포타미아 문명뿐 아니라 인더스 문명, 이집트 문명, 황하 문명 등이 쇠퇴한 까닭 중 한 요소가 숲의 파괴 때문이라는 주장도 있어요. 우리의 삶을 풍요롭게 해 주는 숲을 보존하고 나무를 심고 가꾸는 일은 미래 사회를 위해서도 반드시 필요한 일이랍니다.

수메르 신화, '길가메시'

메소포타미아 지역에서 도시들이 모인 곳을 수메르라고 불렀어요. 메소포타미아는 '두 강 사이'라는 뜻으로 티그리스강과 유프라테스강 유역에 있는 초승달 모양의 땅을 말해요. 이곳 사람들은 두 강의 범람으로 생긴 기름진 땅에 수로를 만들어 농사를 지었어요. 곡물이 충분히 생산되어 상업이 발전했고, 문화도 활짝 꽃피웠지요.

수메르 신화는 도시 국가와 밀접한 관계가 있어요. 도시마다 수호신이 있는데 우르크를 지키던 '안'이 하늘로 올라가면서 가장 높은 신이 돼요. 그 외에도 수메르의 주요 도시를 다스리는 여섯 신이 더 있는데, 이들의 모임에서 세상의 모든 운명이 결정되었다고 해요. 훔바바에게 숲을 지키라고 명령한 대기의 신 엔릴도 이들 신 중 하나였어요. 엔릴은 하늘의 신 '안'과 대지의 신 '카'의 아들이었지요.

『길가메시 서사시』는 메소포타미아 지역에 전해 오는 신화이며 영웅담이에요. 길가메시는 기원전 2,600년경에 메소포타미아의 도시 우루크를 다스린 왕이었어요. 그 이야기는 점토판에 새긴 쐐기 문자로 기록

▲ 길가메시 이야기가 새겨진 점토판 이라크 바그다드 술라마니야 박물관에 소장되어 있다.

천국의 황소와 싸우는 길가메시와 엔키두
엔키두는 황소를 죽여 신들의 노여움을 사 결국 죽음에 이르고 만다.

되어 전해 왔어요. 바로 인류 최초의 서사시인 『길가메시 서사시』예요. 서사시는 신화와 영웅의 이야기를 긴 시로 쓴 것을 말해요. 여기에는 우정, 사랑, 모험, 죽음, 슬픔, 생명 등의 이야기가 들어 있답니다.

길가메시는 엔키두와 함께 훔바바를 죽이고 삼나무를 베어 온 후 우루크를 더욱 튼튼하게 건설했어요. 엔키두가 죽자 길가메시는 언젠가 죽게 되는 허무한 삶에 대해 고민하다가 여행을 통해 깨달음과 마음의 평안을 얻게 되지요. 길가메시가 삼나무를 베어 낸 이야기는 신화 중 한 부분이에요. 하지만 그 행위는 인류 최초로 숲을 훼손한 자라는 오명을 안겨 주었어요.

오늘날에도 유프라테스강과 티그리스강 사이에 있는 비옥한 초승달 지역은 메마르고 황량한 사막으로 남아 있어요. 이곳을 보면 삼나무를 베어 낸 길가메시 이야기가 저절로 떠오른답니다.

자연과 인간은 공생 관계

자연 없이 인간이 존재할 수 있을까요? 자연에서 태어나, 자연과 더불어 살다가 결국 자연으로 돌아가는 게 인간이랍니다. 환경 변화는 기후 변화를 몰고 왔고, 이러한 변화로 인해 사람들은 다른 지역으로 이동해 살아야 했어요. 이처럼 자연환경은 인간의 삶에 큰 영향을 미친답니다.

그런데 이런 일이 옛이야기가 아니에요. 현대에도 기후 변화로 인해 여러 문제가 생기고 있어요. 대표적으로 지구 온난화 현상을 들 수 있어요. 지구 온난화 현상은 이산화탄소, 메탄 등의 온실가스가 지구 대기를 감싸는 바람에 온실처럼 지구가 뜨거워지는 것을 말해요.

지구 온난화는 산업화가 진행되면서 빠르게 진행되었어요. 공장이 많이 들어서서 석탄, 석유, 가스 등 화석 연료를 무분별하게 사용하면서부터였지요. 화석 연료는 엄청난 양의 온실가스를 배출해요. 산업화로 인한 쓰레기도 늘어났지요. 그 쓰레기를 분해하는 과정에서도 많은 양의 메탄이 생겨났답니다.

숲에서 나무를 너무 많이 베어 낸 탓도 있어요. 숲은 '지구의 허파'라고 할 수 있어요. 나무는 신선한 산소를 뿜어내고 온실가스를 빨아들이거든요. 그런데 개발이라는 이름 아래 열대 우림과 숲이 줄어들면서 늘어난 온실가스를 감당할 수 없게 된 것이지요.

지구 온난화로 기후가 변화하면서 생태계도 급격하게 변화하고 있어요. 사람에게 유익한 숲은 줄어드는 반면 사막은 점점 늘어나고, 빙하가 녹아내리고 있어요. 빙하가 녹으면 해수면이 상승하고 기상 이변으로 이어져요.

이렇게 온난화가 계속된다면 지구에서 사람이 살 수 없는 때가 올지도 몰라요. 그래서 지구 온난화를 늦추고 해결하는 일은 우리 모두의 사명이에요. 산업체뿐만 아니라 가정에서도 함께 노력해야 해요. 겨울철 난방기와 여름철 에어컨 사용을 줄이고, 물도 절약해야 해요. 되도록 대중교통을 이용하고요. 소나무 한 그루가 연간 12킬로그램의 이산화탄소를 흡수한다는 연구 결과가 있어요. 따라서 나무를 심고 잘 가꾸는 일도 소중한 지구를 지키는 길이에요. 자연이 살아야 사람도 살 수 있기 때문이지요.

레바논의 삼나무 보호 구역 메소포타미아 지역과 가까운 레바논의 바룩(Barouk)에 남아 있는 삼나무 숲이다. 황폐해진 숲에 나무를 심어 숲을 복원하고 있다.

사진 제공

25쪽 © NASA | 38쪽 © WyrdLight.com / wikimedia | 40쪽 © 뉴스뱅크 | 70쪽 © 문화재청
90쪽 © Michael Gunther / wikimedia | 106쪽 © Nina / wikimedia | 107쪽 © 2002 Zubro / wikimedia
118쪽 © Ninara / flickr | 120쪽 © Ninara / wikimedia | 122쪽 © 연합뉴스
139쪽 © Osama Shukir Muhammed Amin / wikimedia

※ 이 책에 사용한 사진은 해당 사진을 지닌 단체와 저작권자의 허가를 받아 게재한 것입니다. 허가를 받지 못한 일부 사진에 대해서는 저작권자가 확인되는 대로 게재 허가를 받고 사용료를 지불하겠습니다.

질문으로 시작하는 세계 신화

1판 1쇄 발행일 2019년 1월 3일   1판 2쇄 발행일 2020년 10월 8일
글쓴이 박소명   그린이 조혜주   펴낸곳 (주)도서출판 북멘토   펴낸이 김태완
책임편집 오지숙   편집 신혜연, 김정숙, 조정우   디자인 황수진, 안상준   마케팅 최창호, 민지원
출판등록 제6-800호(2006. 6. 13.)
주소 03990 서울시 마포구 월드컵북로 6길 69(연남동 567-11) IK빌딩 3층
전화 02-332-4885   팩스 02-6021-4885   이메일 bookmentorbooks@hanmail.net
페이스북 https://facebook.com/bookmentorbooks

ⓒ 박소명·조혜주, 2019

※ 잘못된 책은 바꾸어 드립니다.
※ 이 책은 저작권법에 따라 보호를 받는 저작물이므로 무단 전재와 무단 복제를 금합니다.
   이 책의 전부 또는 일부를 쓰려면 반드시 저작권자와 출판사의 허락을 받아야 합니다.

ISBN 978-89-6319-285-7   73900

이 도서의 국립중앙도서관 출판예정도서목록(CIP)은 서지정보유통지원시스템 홈페이지(http://seoji.nl.go.kr)와 국가자료공동목록시스템(http://www.nl.go.kr/kolisnet)에서 이용하실 수 있습니다. (CIP제어번호: CIP 2018038937)

인증 유형 공급자 적합성 확인   **제조국명** 대한민국   **사용연령** 8세 이상
KC마크는 이 제품이 공통안전기준에 적합하였음을 의미합니다.
종이에 베이거나 책 모서리에 다치지 않도록 주의하세요.